www.lenos.ch

Hilde Ziegler

Ich wusste, wohin die Reise geht

Mit einem Nachwort
von Christa Moog

Lenos Verlag

Copyright © 2003 by Lenos Verlag, Basel
Alle Rechte vorbehalten
Satz und Gestaltung: Lenos Verlag, Basel
Umschlag: Anne Hoffmann Graphic Design, Basel
Foto: SIPA Image Press / Keystone
Printed in Germany
ISBN 3 85787 339 6

Ich wusste, wohin die Reise geht

I

Kurz und gut, von heute an arbeite ich in Berlin. Ich bin schon da. Gestern kam ich an. Am Bahnhof Zoologischer Garten.

Wer fährt denn heute noch mit dem Zug nach Berlin! Krethi und Plethi fliegt. Nur sie nicht, diese Verrückte!

Nein, ich wollte nicht fliegen. Meter um Meter, ich könnte auch sagen Millimeter um Millimeter, wollte ich dieses Land durchqueren.

Ich fuhr mit dem Zug, weil das einen ganz bestimmten und geheimnisvollen Grund hatte.

Vor sechsundzwanzig Jahren fuhr er in umgekehrter Richtung dieselbe Strecke. Berlin–Basel. Und ich fuhr nun Basel–Berlin. Gibt das nicht zu denken?

Mit der grossen Stadt Berlin bin ich sehr verbunden. Sie war einmal seine Stadt, und das ist meine holde Verbindung. Er ist dort geboren und wurde von liebenden Eltern aufgezogen, die sich aufs Alter hassten, seine kleinen Ohren schnappten die Sprache auf, die er heute noch spricht: schnell, laut, fixfertig.

Und als er sechsundzwanzig Jahre alt war, verliess er seine Stadt. Die Mörder sassen ihm zwar nicht im Genick, er war ja rassenrein, aber sie wüteten links und rechts, im Osten und im Süden und Westen und Norden. Sie schlugen alles kaputt und mordeten und stahlen und jubelten.

Er hatte es gut. Er musste an der Grenze nur seinen Schweizer Pass aus der Brusttasche nehmen, und der Schweizer Zöllner sagte, hereinspaziert, junger Mann, während andere, die keinen Schweizer Vater hatten, hören mussten: Das Boot ist voll.

Ich fuhr nicht in einem Viehwaggon nach Osten, ich hatte keinen Hunger und keinen Durst, ich sass auf einem bequemen Plastiksessel und hatte keine Angst.

Ich wusste, wohin die Reise geht.

Aber mein Gehirn unternahm eine andere Reise.

Er brachte mich zum Bahnhof, der Zug stand schon da.

Bern–Basel–Berlin–Moskau. So einfach steht das geschrieben, auf kleinen Tafeln, die an den Waggons befestigt sind. Aber soll einmal einer, der im Moskauer Wagen sitzt, versuchen, auszusteigen unterwegs! Zu. Verschlossen. Verriegelt.

Ich halte es nicht für nötig, über den Abschied am Bahnhof zu sprechen. Das weiss man ja, wie das ist. Das ist furchtbar.

Der Zug fuhr ab, und eine halbe Minute später war er bereits in Deutschland. Weil am Rhein, der erste deutsche Bahnhof. Der Ort, in dem ich aufgewachsen bin. Von null bis achtzehn. Das ist lange her.

Es war noch hell, ein Spätsommerabend, sechs Uhr. Im Elsass neigte sich die Sonne, und ich war unruhig.

Warum reise ich so weit fort? Warum immer wieder diese Trennungen? Er wird jetzt zu Hause herumstehen und auch nicht wissen, warum. Es ist die Arbeit, die uns trennt. Man muss nach Adam Riese dorthin gehen, wo man Arbeit in Aussicht hat.

In Frankfurt hatte der Zug einen längeren Aufenthalt und fuhr dann rückwärts weiter. Das heisst, es schien nur so. Er wird einen grossen Bogen gemacht haben.

Es wurde Nacht und ich nicht müde. Ich hatte eine kleine Landkarte bei mir, aha, jetzt sind wir gleich in Bebra. Dann wird ja gleich die herzige Grenze kommen. Das kommt davon.

Gerstungen heisst der Ort. Ich kann mich nicht beklagen. Der Kontrolleur mit seiner braunen Uniform war höflich. Wühlte nicht in meiner Tasche oder Vergangenheit herum. Guten Abend, hat er gesagt, DDR-Passkontrolle. Und gute Reise. Fertig.

Nun, nahm ich an, müsste der Zug bald weiterfahren. Aber er stand und stand. Ich schaute zum Fenster hinaus und sah einen menschenleeren Bahnhof, eingezäunt mit hohen weissen Mauern, aus sogenannten Fertigteilen konstruiert, drüben auf einer kleinen Anhöhe stand ein Wachturm, aus dem einer herausschaute, der Bahnsteig hell beleuchtet, aber keine Reisenden waren zu sehen. Ein Posten in Uniform zündete mit einer grossen Taschenlampe unter jeden Waggon, ein anderer mit Schäferhund folgte ihm. Von der anderen Seite sah ich, trippel, trippel, ein uniformiertes Fräulein daherstöckeln. Sie hatte einen Schreibblock in der Hand und ging langsam von Wagen zu Wagen, machte Notizen. Was wird sie aufgeschrieben haben? Jedenfalls etwas, das die Menschen nicht brauchen, um weiterzuleben. Sie kam näher, die Uniformhose glänzte im Neonlicht, die Stöckelschuhe waren etwas zu hoch. Auf den Dauerwellen ein keckes Schiffermützchen. Genauso, genauso sah Frau Schlott aus, als sie uns in der Kinderschule besuchte, ich war fünf, und erzählte, wie lieb der Führer die Kinder habe.

Nach einer Stunde, oder waren es zwei, brüllte ein Mann etwas durch einen Lautsprecher. Es klang wie Hundegebell. Ich schloss das Fenster, das Gebrüll drang durch die Scheiben, ich schloss die Augen, sah Rampen vor mir, endlose Gleisanlagen, Menschen, die aus Waggons herausgeprügelt wurden, Stiefel, Aufseherinnen, ein Ruck, wir fuhren wieder. Die Mauern, die die Aussenwelt vor uns schützten, hörten nicht auf – kann man das sagen: Die Mauern hörten nicht auf? –, erst mitten in der Landschaft verschwanden sie.

Wieviel Mühe sich die Menschen machen, um sich voreinander zu schützen.

Eisenach. Wurde hier nicht der Fürstendiener Luther geboren? Jener Reformator, der empfahl, den Umgang mit Juden zu meiden? Halt, nein, das war in Eisleben.

Gotha. Das Adelsnest.

Weimar. Ein Glück, dass er schon 1832 gestorben ist.

Ein Ruck. Wie lange habe ich geschlafen? Wo bin ich? Griebnitzsee. Die Sonne scheint. Der Tag ist hell. Wo ist die Landkarte? Griebnitzsee. Wir sind gleich da. Die Kiefern. Der Sand.

Berlin.
Ich komme an in seiner Stadt.

Wie einfach das klingt. Ankommen.
Man glaubt gar nicht, was das heissen kann.
Das kann heissen, dass einem das Herz vor Aufregung fast auseinanderfällt, dass man vielleicht ein wenig Fieber bekommen hat vor dem Ziel oder gar dass man unfähig ist auszusteigen.
Berlin.
Wenn die Anstrengung des Gemütes zu gross wird, bleibt man am besten sitzen und wartet, bis man wieder aufstehen kann.

In meinem Falle kam der Schaffner und sagte: Na, junge Frau, worauf warten Sie? Das ist die Endstation für Sie.

Diese Verrückte! Mietet eine düstere Wohnung. Kein Wunder, dass sie melancholisch wurde. Wir haben doch genug Geld. Ihr alemannischer Sparsinn ist zum Kotzen.

Derart sprach er ein paar Monate später.

Berlin 12, Sowiesostrasse 14, Hintergebäude. Was heisst düster?

Ein Vordergebäude gab es nicht mehr. Das war einmal.

Also könnte man heute das Hintergebäude auch Vordergebäude nennen.

Ich gebe zu, die kleine Wohnung war, wie soll ich sagen, ja, bitte schön, etwas düster. Nur ein Fenster.

Doch mir gefiel das Loch nicht übel.

Ein schwedischer Sänger war so freundlich, mir diese möblierte Wohnung zu vermieten, während er in Norwegen auf eine Gesangsreise ging.

Und die Hauptsache war doch das grosse, warme Bett. Dass der Ofen nicht funktionierte, war mir gleichgültig, denn es war ja erst September.

Und ich war glücklich. Gibt es Glückliche, die frieren?

Dummerweise bin ich etwas menschenscheu. In diesem Fall habe ich ja den richtigen Beruf: Ich bin Schauspielerin. Oho, sagte einmal ein Polizist, der mich gerade bestrafen wollte, Schauspielerin! Soso. Und er steckte seinen Strafzettel wieder ein, lehnte sich an die geöffnete Tür meines Autos und fragte: Kennen Sie zufällig Gustav Knuth? Salto mortale. Das isch guet gsi.

Ich werde in Berlin sechs Monate lang Theater spielen. Um zehn geht's los. Ich freue mich. Ich habe auch Angst, das will ich nicht verschweigen. Alles will genau überlegt sein, bevor man sich in die neue Umgebung wirft. Ich habe mir vorgenommen, in Berlin vor allen Dingen schneller zu sprechen. Nicht zu behäbig und breit. Sonst werfen sich die fixen Sprecher Blicke zu, und das will vermieden sein.

Ich habe Glück. Das Theater ist just um die Ecke. Es ist neun Uhr morgens. Das Herzklopfen beginnt. Wie werden sie mich aufnehmen? Neu und fremd, wie ich bin? Mach dir darüber keine Gedanken, hatte er mir zum

Abschied gesagt, die Berliner sind unkompliziert. Wat heesst fremd? Jut musste sein ...

Ich werde arbeiten. Sie sollen Freude an mir haben. Also gut, ich muss mich schön machen jetzt, Haare hoch, Bäckchen, Augendeckel, die feinen, hohen Schuhe, trippel, trappel.

Ich verlasse das Haus. Habe ich eigentlich Nachbarn?

Ich gehe in Berlin zur Probe. Wie er damals, hopphopp, morgens mit der U-Bahn, vom Innsbrucker Platz zum Deutschen Theater in der Schumannstrasse.

Ich gehe auch in ein deutsches Theater. Aber nicht in das Deutsche Theater in der Schumannstrasse.

Ich denke an ihn.

Wie er ist?

Ich zähle jetzt meine Lieblingsdichter auf:

Joseph Roth, Heinrich von Kleist, Franz Kafka, Albert Ehrenstein, Bert Brecht, Bohumil Hrabal, Johann Peter Hebel, Anatole France, Karl Kraus, Alexander Granach, William Shakespeare, Anton Tschechow, Isaac Bashevis Singer, Edgar Allan Poe, Ödön von Horváth, Friedrich Schiller, Natalia Ginzburg, Gogol – jetzt habe ich bei Gott seinen Vornamen vergessen –, Jaroslav Hašek, Maksim Gorkij, Robert Walser, Georg Büchner, Jiří Kolář, Elias Canetti, Marieluise Fleißer, Max Herrmann-Neisse, Lena Christ, Jaroslav Seifert, Fjodor Dostojewskij, Hansjörg Schneider, Jiří Wolker, Jonathan Swift, wahrscheinlich habe ich die Hälfte vergessen. Nestroy.

Nimmt man das Talent aller zusammen, würde es nicht ausreichen, meine Liebe zu besagtem Menschen zu beschreiben.

Mit zwanzig Jahren lernte ich ihn kennen. Er war vierundvierzig.

Ich entzückte ihn, weil ich so jung war, er entzückte mich, weil er so alt war. Achtzehn Jahre sind vergangen.

Aber meine Liebe nahm zu.

Dass Liebe zu- oder abnehmen kann, dagegen kann man nichts machen. Ich will nicht behaupten, dass seine Liebe zunahm, jedenfalls ab nahm sie nicht, hat er mir anvertraut.

Du bist jung und ich bin alt, sagt er manchmal. Und ich werde traurig, wenn er das sagt. Weil ich noch nicht alt bin.

Wir haben immer viel zu erzählen, zu schauen, zu lachen, zu klagen, zu geben, zu beraten, zu feiern, zu hoffen, zu rechnen, zu essen, zu staunen, zu trauern, zu erraten, zu überlegen, zu weinen, zu zahlen, zu lesen, wir wissen viel voneinander.

Aber ich kenne ihn nicht.

Dass er Berliner ist, das weiss ich. Dass er Schweizer ist, das weiss ich auch. Dass er mich vor achtzehn Jahren geheiratet hat, auch das weiss ich noch. Dass er Schauspieler ist. Dass er schöne weisse Haare hat. Dass er Segelschiffe liebt. Céline und Ezra Pound. Dass er kein Faschist

ist. Dass er gern Boule spielt. Dass er bis zu seinem 24. Jahr in Berlin lebte. Dass er seine Stadt mit Trauer und Ekel im Herzen verliess, dass er im Zug, kurz vor der Schweizer Grenze, durch Weil fuhr, dem Dorf, in dem ich, zehn Monate alt, im Bett lag. Oder trug mich meine Mutter in diesem Augenblick gerade in der Stube herum? Schlief ich? Weinte ich? Zwei Kilometer vom Bahnhof entfernt. Wir waren uns zehn bis zwölf Sekunden nahe. Er raste vorbei. Ich weiss, dass er in Zürich ankam. Überwältigt von der Schweizer Ruhe und dem Frieden. Dass er im Hotel Central logierte und am Schauspielhaus keine Stelle vakant war. Dass er in Bern ein Engagement fand, Heimweh nach dem Deutschen Theater hatte, nachts oft auf der Kirchenfeldbrücke stand und nicht wusste: Soll ich springen oder nicht? Dass das Schweizer Militär ihm befahl, in Bümpliz einzurücken. Dass er die Sprache nicht verstand, dass er ein Fremder war. Dass er eine schöne Frau heiratete. Dass er Vater eines Sohnes wurde. Dass er zwanzig Jahre später wieder Vater eines Sohnes wurde. Dass ich die Mutter bin. Dass er noch nie krank war. Dass er schön zeichnen kann. Dass er noch nie in Ägypten war. Dass er gern Wein trinkt. Dass ihm Besitzer dressierter Hunde verdächtig sind. Dass er kein Schmeichler ist. Dass er wohlerzogene Feinde hat. Dass er nicht Französisch kann. Dass er gottlos ist. Dass er die Frauen liebt. Dass er Humor hat. Dass er ein rücksichtsvoller Egoist ist.

Aber ich kenne ihn nicht.

Ein Blumenstrauss liegt vor der Tür.

Er ist von ihm, ich weiss es.

Meine geliebte Frau, zu deinem ersten Probentag die Blumen. Hoffentlich haben die Affen von Fleurop die schönsten gebracht. Ich wünsche dich glücklich zu wissen. Ton vieux roi.

Ja, ich bin glücklich. Mir ist wohl, mir ist wohl.

Ich bin stark, ich bin die stärkste und schönste.

Diese schönen Blumen. Der schwedische Sänger hat keine Vase. Aber ist ein Kochtopf voller Blumen nicht auch eine Vase?

Ich habe ihm schon viele Briefe geschrieben. Beinahe vier Wochen bin ich nun in Berlin.

Meine Augen sehen jeden Tag viele tausend Dinge, die ich ihm mitteile, meine Ohren hören links und rechts Sprache, Musik, Geschrei, Gemurmel, ich höre die Stadtbahn rattern, ich muss ihm alles sagen. Und mein Herz hört und sieht noch viel mehr.

Ich spreche jeden Tag mit ihm.

Der Verkäufer im Schreibwarengeschäft sagt: Sie haben aber einen flotten Verbrauch an Schreibpapier, junge Frau.

Schreibste mir, schreibste ihr, schreibste auf MK-Papier.

Er schreibt mir nicht.

Und jeden Morgen gehe ich, nie schnell, zum Briefkasten. Ich sehe schon von weitem, dass er leer ist. Trotzdem schliesse ich den Briefkasten jeden Tag auf, schaue sehr genau hinein und schliesse wieder zu. Der Gang zum Briefkasten. Der Gang in die Wohnung. Der Gang ins Theater danach.

Singen und tanzen und spielen.

Dass ich die Berliner Sprache über alles liebe, kann ich nicht sagen, aber ich liebe sie mehr als zum Beispiel Hessisch oder Schwäbisch. Einem Berliner zuhören heisst die Ohren spitzen, sonst ist es zu spät.

Bei dem traurigen Bahnhof Gesundbrunnen hielt ich mich gestern ein paar Stunden auf, ich hatte dort einiges zu denken, und da sass auf einer dieser leeren Bänke ein etwa 60jähriger Mann. Er war betrunken und schien auch zu denken. Woran mochte er denken? An ein Glas Bier? Oder ein Treppenhaus? Ich setzte mich zu ihm und schaute ihn an. Er hob seinen Kopf und sprach: Junge Frau, ick bin jetz sechsnvierzig un hab keene Mutter un keene Brüder mehr ... Die Tränen liefen ihm aus den Augen direkt auf meine Strümpfe. Wir sassen ja nah genug beieinander. Mir war wohl, obwohl er weinte. Ist das möglich? Ich gab ihm 120 Mark. Warum auch nicht. Er legte seine Hand auf meine Herzgegend und sah mir in die Augen: Wem ick anfasse, der hat Glück. Das sagte er kniend.

Ein Mann kam, wahrscheinlich ein Kontrolleur, und jagte den Betrunkenen fort. Nüchtern und anständig sagte der Kontrolleur zu mir: Besoffen, wa?

Wa. Dieses *Wa* gefällt mir. Auch wenn es ein anständiger Kontrolleur sagt.

Wem ick anfasse, der hat Glück.

Ich habe es eilig.

Heute ist mein erster freier Tag. Ich stehe früh auf und bereite mich auf eine grosse, aufregende Reise vor. In einem Taxi fahre ich nach Schöneberg.

Dorthin, wo er sechsundzwanzig Jahre gelebt hat. Heim zu ihm.

Dass das Haus nicht mehr da ist, weiss ich. Ich werde es nicht suchen müssen. Ich habe dem Taxichauffeur dreissig Mark gegeben und gesagt: Fahren Sie so schnell wie möglich dort und dort hin, ich habe es eilig. Mach' ick, sagt er und braust los, als ob's ums Leben ginge. So ist's recht. Schnell, schnell. Als wir da sind, ruft er: Halt, Sie bekommen noch Geld, aber ich bin schon weg. Den Strassenplan habe ich genau studiert, ich weiss, wo ich bin.

Ich stehe vor seinem Haus, das nicht mehr da ist.

Und nun?

Nichts.

Ich schaue nach rechts, da gibt es noch alte Häuser. Ich schaue nach links, auch da. Ich schaue die Häuser gegenüber an, sie sind noch da. Ich überquere die Strasse und setze mich auf einen kleinen Mauervorsprung und stiere hinüber. Ein billiger Neubau steht nun da. Ich schliesse die Augen. Ich höre Kinderstimmen, ich höre ihn, sein kleiner Freund ist bei ihm, sie spielen Ball und rufen und lachen. Ich werde verrückt.

Was stiere ich diesen Neubau an? Ich gehe in den kleinen Eckladen, wo Herr Radke und Moritz wohnten. Ich frage, ob Herr Radke da sei. Welcher Herr Radke? fragt die Frau, die nun statt Gemüse Reisen ins Ausland verkauft.

Ich gehe ans Ende der Strasse und schaue von Ferne auf den Neubau.

Ausgelöscht, vernichtet, zerschlagen, verbrannt, vergangen.

Am Innsbrucker Platz steige ich in die U-Bahn. Ich verspreche mir, diesen Ausflug nicht zu wiederholen.

Herr Radke hatte an der Ecke einen kleinen Gemüseladen, zwei Stufen, Vorsicht. Die Kartoffeln lagen hinter einem Holzverschlag auf der Erde, Kohl, Lauch, Karotten in Kisten verteilt, viel mehr hatte er nicht anzubieten. Sauerkraut. Sauerkraut, das ist mein Hauptartikel, sagte Herr Radke, man glaubt gar nicht, wieviel Sauerkraut in Berlin gegessen wird. Ohne Sauerkraut kann der Berliner sozusagen gar nicht existieren.

Und er kam oft mit einem kleinen Eimer zu Herrn Radke. Na Bubi, wat schlotterste 'n so? Jib ma den Eimer her, denn wolln wer ma kieken, wat Moritz macht, der Lümmel. Und Herr Radke hob eine hölzerne Tür, die im Boden eingelassen war, und stieg hinab in den Keller.

Bubi stand da, riss die Augen auf und hielt den Atem an. Denn jetzt ging's los. Ich will raus hier, rief eine Kinderstimme aus dem Keller, und Herrn Radkes Stimme sagte: Nee, nee, nee. Det würde dir so passen, wa. Nu fegste erst mal den Keller aus, du Lausebengel. Hu, huhu, weinte das Kind, mir ist so kalt. Und ein Gepolter war zu hören, willste wohl herkommen, du verdammter Lümmel, klatsch, klatsch. So, det haste nu davon. Und Herr Radke kam zurück mit dem gefüllten Eimer Sauerkraut. Und Bubi schaute ihn an und sagte: Bitte, bitte lassen Sie den Moritz doch raus, er sitzt jetzt schon ein paar Jahre da unten. Bitte. Aber Herr Radke lachte. Hob noch einmal den Deckel und rief in den Keller hinunter: Helf er sich, kleine Maus. Und liess den Deckel wieder fallen. Und Bubi trippelte mit dem Sauerkraut davon, und Moritz ging ihm nicht aus dem Sinn.

Und als ich vierzig Jahre später zu ihm kam und er mich umarmte und festhielt und das Glück mich streifte und meine Sinne jubilierten, da wusste ich nicht, warum am nächsten Morgen plötzlich eine Kinderstimme aus der Badestube zu hören war. Ich hielt den Atem an und riss die Augen auf, obwohl sie schon sehr gross waren nach dieser ersten Nacht bei ihm. Und ich hörte seine Stimme rufen: Mooritz! Moooritz! Und die Kinderstimme: Ich will raus hier. Raus. Raus. Nee, nee, du bleibst, wo de bist, du Lümmel. Und ich ging auf Zehenspitzen und spitzte die Ohren an der Badezimmertür. Ich will raus hier, mir ist kalt. Nee, Moritz, det jeht nich. Ich habe Besuch.

Himmelsbesuch. Himmlischen Besuch. Und etwas vertraulicher: Weeste, wer bei mir is? Nee, weess ick nich, antwortete die Kinderstimme. Komm mal her, Moritz, ich will es dir sagen: Ein Engel is bei mir, und den lassen wer nich mehr weg.

Ich lehnte an der Tür und das Glück mit mir.

Laden mich nicht genug Leute ein? Schauspieler und Musiker, ein Dirigent sogar, mit einem Wort: Künstler? Warum schlage ich diese entzückenden Einladungen jetzt alle aus? Warum flunkere und lüge ich das Blaue vom Himmel herab, um nicht hingehen zu müssen? Ich bin doch beliebt. Bin ich nicht gerne beliebt? Was hindert mich, diese Menschen zu besuchen? Keine Antwort? Nein, ich habe keine Antwort.

Der einzige, den ich besuche, ist der dicke Kilian. Bestimmt war ich schon dreimal bei ihm. Abends, wenn ich keine Probe habe. Er wohnt nur zwei Häuser weiter in einem möblierten Apartment, besitzt nicht viel mehr als das, was er am Leibe hat, und zehn Fotoalben. Ein Schauspieler. Kein Besitz, keine Familie, keine Verwandten, kein Ballast. Das ist nicht das dümmste, so zu leben. Er scheint zufrieden.

Warum ist mir dort wohl? Warum gerade bei ihm, der doch immer nur mit seinem dicken Ranzen auf dem Bett liegt und von dort aus in den Fernsehapparat hineinäugt? Und raucht wie ein Schlot? Und die Fenster nur ungern öffnet? Wahrscheinlich, weil er kaum mit mir spricht. Er öffnet die Tür und sagt: Komm rein, Kindchen, und schon plumpst er wieder auf das Bett und schaut in den Fernsehapparat. Egal, was geboten wird. Einmal sahen wir den beliebten Rudi Carrell. Gut, was? sagte Kilian.

Ist das Programm zu Ende, gehe ich wieder heim, weil Kilian dann schlafen will. Er bringt mich zur Tür und sagt: Nett, dass de do warst. Vor mir brochste geene Angst z'hobn. Er ist, glaube ich, Sachse.

Es wurde kühl, ich kaufte mir ein warmes Nachthemd. Wie wohlig ist es im Bett, wenn man es warm hat. Jede Nacht band ich einen Wollschal um meinen Hals, um die Stimme zu schützen.

Das Bett war gross und breit. Ich kaufte neue Bettwäsche. Wo Platz für einen zweiten Menschen gewesen wäre, legte ich Bücher hin, einen Schreibblock, Halstabletten, meine Handtasche, eine Mütze gegen kommende Kälte, Pulswärmer, Marzipan und Obst. Ich hatte alles um mich. Ich brauchte kaum noch aufzustehen. Die Sonntage verbrachte ich ausschliesslich an diesem Ort. Ich war immer traurig. Fünf Monate lang war ich Tag und Nacht traurig. Und ich konnte nichts dagegen tun. An einem Samstagnachmittag hörte ich im Hinterhof Stimmen, und ich sah durch das Fenster einige Bewohner herumwerkeln. Ein junger Mann harkte das Laub zusammen, ein alter Mann stach in einem mickrigen Blumenbeet herum, eine Frau fegte. Ich sah ihnen zu und dachte, die verschönern den Hinterhof, weil morgen Sonntag ist. Und ich dachte an unser Elsässer Haus, dort werden die Linden auch schon die Blätter verloren haben. Und ich dachte an ihn, den ich immer mehr liebte. Schlafen, schlafen.

Warum schreibt er mir nicht?

Warum ruft er nicht an? Wozu gibt es Telefone? Diese Fragen sind berechtigt, nur gibt es in dieser Wohnung kein Telefon. Es läge also an mir, ein Ferngespräch zu führen, und zwar vom Postamt aus.

Bitte. Goethestrasse. Kabine 2.

Ich zittere, als ich den Hörer abnehme und seine Stimme höre. Es sind fünf Wochen. Meine Süüüüüsse, ruft er, endlich. Wie geht es dir, wie gehen die Proben vorwärts, ich will dir bald schreiben, ich habe entsetzlich viel zu tun, lerne Tag und Nacht diese Texte auswendig, nein, Vorstellungen habe ich keine mehr, nein, das kann ich nicht, die Texte bei dir lernen, ich schreibe dir bald.

Ich wanke aus der Telefonkabine. Bin ich vielleicht etwas geistesgestört? Das ist doch alles halb so schlimm. Er hat sich ja gefreut. Briefe, Briefe. Es geht doch auch ohne Briefe. Was soll denn das?

Er muss ein Zwei-Personen-Stück auswendig lernen, das heisst natürlich nur eine Person. Ich gebe zu, das ist eine grosse Arbeit.

Aber singen muss er nicht.

Heute will ich mich ein wenig täuschen gehen. Am besten im Kino.

Also, was läuft denn in diesen Lichtspielpalästen? Zeitung her, aha. Der schöne Gigolo. Messer im Kopf. Messer im Kopf? Habe ich Messer im Kopf? Die Frau von gegenüber. Herbstsonate. Halt, nein, das ist Voranzeige. Weiter. Nein, ich gehe doch nicht. Sonst pfeift mich wieder eine Platzanweiserin an: Sie, he, Sie, ja Sie, rücken Sie auf zur Mitte hin. Und als ich nicht wollte, kam sie ganz nah zu mir und brüllte: Sie haben sich ganz genau an die Vorschriften zu halten wie andere Leute auch.

Aber ich wollte nicht zur Mitte hin aufrücken. Das gibt's ja wohl nicht, würgte sie und rannte weg. Kam gleich zurück mit ihrer Kollegin, die rief: Wer will hier nicht aufrücken? Na, rücken Sie schon nach, und der Fall ist erledigt. Aber ich wollte nicht.

Das Kino hatte etwa 500 Plätze zur Verfügung, und, sagen wir, 150 Zuschauer sassen, wenn's hoch kommt, verteilt im Saal. Ich behinderte niemanden. Ich wollte an der Seite sitzen bleiben und fertig.

Die beiden noch jungen Frauen standen mit ihren Taschenlampen vor mir und wollten es mir nun mal zeigen. Los, machen Sie kein Theater hier und rücken Sie endlich nach. Jetzt wollte ich schon gar nicht mehr. Totschlagen können sie mich ja nicht gut, überlegte ich, obwohl sie das wahrscheinlich gerne getan hätten. Zwei junge Frauen, zwei Massenmörderinnen.

Komm, det hat keenen Sinn, der hamse ins Jehirn jeschissn.

So kann es einem ergehen, wenn man nicht gehorcht im Kino in Berlin.

Ich habe etliche Schweizer getroffen heute. Und wovon sprachen sie? Diese Schriftsteller und Künstler? Vom schlechten Essen hier.

Dann sollen sie doch wieder abdampfen, wenn es ihnen hier nicht schmeckt.

Die haben Sorgen.

Einer sagte: Ich habe deinen Mann gesehen gestern in Basel. Und ich soll dich schön grüssen.

Wie geht es ihm? würge ich.

Gut, warum? Er scheint im Schuss zu sein.

Im Schuss. Ich gehe. Spaziere durch die Nacht in die Herderstrasse. In den Briefkasten schaue ich jedesmal, ich kann es nicht lassen. Auch nachts.

Es ist Sonntag. Schönes Wetter heute. Ich verlasse das Haus. Wo soll ich gehen? Links oder rechts? Also links. Ein Stückchen Goethestrasse, ein Stückchen Schlüterstrasse, ein paar Schritte Pestalozzi, um die Ecke in die Bleibtreustrasse. Ein schönes Strässchen. Da sind – warum gerade da – ein paar schöne Häuser übriggeblieben. Auch ein paar Bäume.

Mir nichts, dir nichts, entschliesse ich mich, den Landwehrkanal zu besichtigen.

Da wollte ich schon lange einmal hin. Diese Schweine. Diese Schweine. Ich gehe zum Zoologischen Garten und kaufe einen Blumenstrauss. Auf eine Karte schreibe ich: Für Rosa. Und ab mit der Stadtbahn. Tiergarten steige ich wieder aus. Ich suche die Lichtensteinbrücke.

Hier also haben sie sie hineingeworfen.

Was haben sie gemacht mit dir, bevor du da hinunterschwammst?

Die Hausmeisterin oder wie man das nennt, jedenfalls die Frau, die auf die Mieter achtet, schaute zum Fenster hinaus und winkte mir zu. Ich ging zu ihr in ihre Wohnung im ersten Stock. Sie war sehr freundlich und bot mir einen Stuhl in der Küche an, wo sie scheinbar den grössten Teil des Tages zubringt. Die Küche war eine Mischung aus Stube und Küche. Ein Sofa hinter dem Tisch, eine Art Autositze, weich und gemütlich. Auf dem Sofa lagen viele alte Zeitungen und Illustrierte, der Geruch eine Mischung aus Essen und Zigarettenrauch. Vorn beim Fenster Blumentöpfe und auf einem kleinen Tischchen daneben ein Aquarium.

Darin schwammen etwa zehn Fische herum. Hin und her. Her und hin. Furchtbar.

Wie alt wird so ein Fisch? fragte ich.

Nich alt, nehm' ick an. Denn alle zwee, drei Monate liecht wieder mal eener uff Grund. Tot, nich. Na, denn nehm' ick den raus und hol bei Hertie wieder 'n neuen. Und so kann ick nu jar nich sagn, welcher da am längsten drinne is oder nich. Die sehn ja alle gleich aus, die Fische. Aber wat anderes. Ick seh Sie doch nun schon seit Wochen, und immer sind Se alleene. Da wollt ick nur sagen, wenn Se Lust haben, komm' Se ruhig zu mir, Kaffee jibt's hier immer.

Ich bedankte mich sehr und sagte ihr, nach meiner Premiere müsse ich wohl eine andere Wohnung suchen. Es werde langsam kalt. Und der elektrische Ofen genüge nicht.

Diese sogenannten Zierfische. Gefangen in einem Behälter, dreissig auf zehn Zentimeter. Zwanzig hoch. Das ist alles. Von Hertie in den Behälter, bis sie auf Grund gehen.

Der Schlaf. Mein Freund. Schlafen ist wie heimgehen. Ich kann immer zu ihm kommen, er nimmt mich immer auf. Er öffnet seine Arme für mich und sagt: Komm. Wir sind die besten Freunde. Ich kann ihm alles erzählen. Und wenn er seine Arme um mich geschlossen hat, lächeln wir und machen uns davon. Und während wir fortfliegen, schauen wir hinunter auf das sich entfernende Leben, das versucht, uns zu halten, aber wir fliegen davon, es gelingt ihm nicht, uns zu packen, und wir entkommen ihm ohne Kampf.

18. Oktober 1978. Jean Améry hat sich im Österreichischen Hof in Salzburg das Leben genommen. Schlief er im selben Bett ein, in dem ich vor vier Jahren lag?

Mein Freund Jean Améry, der mich Gott sei Dank nicht kannte.

Gestern war der Kilian bei mir. Wir wollten tschechische Knödel kochen, aber es ging nicht. Gasherd kaputt.

Manchmal gehen wir in der grossen Stadt Berlin in eine Wirtschaft. Einmal ass er das Menü zweimal hintereinander. Während des Essens rauchte er Zigarren. Die Serviertöchter kennt er fast alle.

Und am letzten Sonntag machten wir einen Ausflug mit der Stadtbahn. Wir fuhren ein paar Stündchen hin und her, kreuz und quer durch diese Wahnsinnsstadt. Wie 'n Kuchen, wie 'n Kuchen, sagte er immer. Einfach durchgeschnitten. In Frohnau tranken wir Kaffee, und ich ass ein Stück Torte. Er zwei. Dann ging die Reise wieder weiter. Wir fuhren bis Wannsee, und der dicke Kilian sagte: Jetzt fahr mer nieber nach Gladow. Mitm Schiff.

Ich wollte noch zu Kleists Grab, aber er wollte nicht. Hör doch uff, sagte er.

Und er ging voran über den Steg, wie der Kapitän persönlich, und als er das Deck erreicht hatte, drehte er sich um, straffte sich und lachte, als wollte er sagen: Das ist mein Schiff.

Aber ich dachte immer nur an diesen Mann, von dem ich 880 Kilometer entfernt war.

Der Wannsee. Die Havel.

Hatte er hier nicht sein Segelboot liegen, bevor er 1940 Richtung Süden fuhr?

Im Theater gelte ich als kräftig. Einmal hiess es sogar, ich sei eine wilde Hummel. Das freut mich.

Ah, Frau sowieso. Guten Morgen, Ihr Mann hat angerufen, Sie möchten ihn dringend zurückrufen. Der liebenswürdige Portier hat natürlich keine Ahnung. Was soll ich jetzt machen? Vor oder nach der Probe anrufen? Es wird mich doch aufregen. Ich überlege, und der Portier ruft: Kommen Se rein zu mir, det schien mir sehr dringend. Wie ist die Nummer? Ich sage die Nummer, und er wählt. Bitte, setzen Sie sich. Ja? Hallo? Einen Moment, Ihre Frau. Hallo?

Er ruft ins Telefon: Meine Süüüüsse, was ist los, warum schreibst du kaum noch? Warum rufst du nie an? Was ist das für ein Wahnsinn, kein Telefon zu haben.

Ich gackse: Warum schreibst du nie?

Ich komme nicht dazu, ich muss wie ein Verrückter lernen und so weiter und so weiter. Ich liebe dich, rief er noch. Schmücke dich, mach es dir schön.

Die Probe nach diesem Gespräch lief wie am Schnürchen.

Hm. Ich bin doch etwas beunruhigt über mich. Das gefällt mir nicht, was ich da treibe. Bin ich eigentlich ein Wickelkind?

Der hat keinen Mumm in den Knochen, meinte kürzlich ein Vater von seinem Sohn.

Fehlt mir Mumm? Was ist das?

Weiter. Ich entschliesse mich, eine Flasche Wein zu kaufen. Ich stehe lange in einer Weinhandlung vor den Regalen. Roten oder Weissen? Ich weiss nicht genau, was mir wohler täte. Ich nehme eine Flasche Gewürztraminer und gehe heim.

Ich trinke selten. Aber gern zu einem festlichen Essen oder Diner. Denn ich weiss, man wird heiter und spasshaft. Ich flunkere dann gern. Und alle Nebel verziehen sich. Warum heisst es aber oft: Der ist benebelt? Es ist genau umgekehrt, liebe Leute.

Wein allein zu trinken, ohne Essen dazu, ist mir bis dato fremd. Das hat mir nie geschmeckt. Zu anstrengend. Warum also kaufe ich Wein und kein Essen dazu? Das will ich gerne sagen: Weil ich prüfen will, ob dieses Fläschchen imstande ist, mir Heiterkeit zu schenken.

Immerhin hüpfe ich erwartungsvoll die Treppe hinauf. Bin ich etwa schon ein bisschen betrunken? Ich tänzle in die Wohnung, stelle die Flasche auf den Tisch, didada, lalala, Ko-horken-zie-ieher noch, wo-ho ist er denn, lalilala, ein Gläschen noch. So, Mäuschen, jetzt kann's losgehen. Ich nehme Platz in einem der Kunstledersessel. Flasche zwischen die Beine, na, na, na, Korkenzieher reinbohren, ein Jäger aus Kurpfalz, tatitatatitata, so, jetzt hat's geknallt.

Als ob ich bei mir zu Besuch wäre, biete ich mir ein Gläschen an. Zum Wohl, Mäuschen, zum Wohl. Hmmmm. Was ist denn jetzt los? Ja, was ist denn, halt, halt, halt, nicht traurig werden, nicht, aber was soll ich denn machen? Die Gewürze des Weines schleudern mich zu ihm, mit dem ich diesen Wein oft getrunken habe, jetzt habe ich den Salat, warum kaufe ich Gewürztraminer, noch einen Schluck, noch einen und noch einen, zu spät, eine unendliche Sehnsucht ergreift mich, ich strecke die Arme nach ihm aus, aber das nützt ja nichts, ich umarme mich selber, und der Gewürztraminer kommt mir bei den Augen wieder heraus. Ach, ach, ach, ach. Wo ist er denn? Warum hat er mich vergessen?

Da hänge ich nun in einem Kunstledersessel in Berlin und weiss nicht, wie man lebt. Ich gehe ins Bett.

In drei Tagen findet die Premiere statt. Halte ich mich im Theater auf, in den Proberäumen, beim Portier, auf der Bühne, bin ich beschützt und beschäftigt. Draussen aber verlässt mich zusehends die Kraft. Ich fange an zu schlingern. Schlingern heisst, nie richtig wissen, wohin. Ich renne etwas wirr in dieser Stadt herum. Herrenlose Hunde oder Hunde, die ihren Herrn suchen, rennen so herum, immer die Schnauze auf der Erde, suchend, unvermittelt kehrtmachend.

Ich habe Angst.

Es ist Morgen, ich bin schon lange wach. Ich liege und denke.

Ich sehe vor mir eine Kredenz, auf der eine grosse Meeresmuschel liegt. Daneben ein Tonband, ein grosser Aschenbecher, nein, es ist ein kleiner Autoreifen, als Aschenbecher verarbeitet. Neben diesem Aschenbecher liegt ein Stapel – was ist denn das für ein Wort: Sta-pel? – Zeitschriften, die der schwedische Sänger gesammelt hat. *Die Oper.* Drei bis vier Jahrgänge. Daneben eine Obstschale aus Holz, in der ein Nussknacker liegt. Über der Kredenz zwei moderne Gemälde. Furchtbar.

Ich schliesse die Augen. Ich möchte nicht aufstehen. Ich möchte nicht liegenbleiben, ich möchte fortfliegen, immer höher, immer höher. Ich bin hilflos. Ich weiss mir nicht zu helfen, ich habe keine Kraft mehr zu leben, ich bin ein alemannisches Unglück.

Ich habe Angst vor dem Tag, ich weiss, dass der Briefkasten wieder leer sein wird.

Ich muss aufstehen.

Also. Was ist jetzt zuerst zu tun? Man muss sich waschen. Das ist wichtig. Sonst fängt man an zu stinken. Man muss sich anziehen. Natürlich. Man kann nicht nackig ins Theater. Gott hilf mir.

Meine Freunde kommen, hurra. Meine schöne Freundin aus Paris. Wir teilen die Not und das Glück seit vielen Jahren. Mein schöner Freund aus München. Er ist streng mit mir, doch voller Güte. Sie kommen.

Ich schaue sicherheitshalber zum Fenster hinaus und lache. Das macht sich gut, aus einem Hintergebäude heraus zu lachen. Das Taxi kommt schon, ich rufe und winke, sie winken zurück und rufen: Da sind wir, hurra.

Wir haben uns viel zu erzählen und schnattern und gackern, sie flüstern sich etwas ins Ohr und sagen: Wir verziehen uns gleich wieder, du musst dich pflegen und Ruhe haben. Heute ist dein grosser Tag. Aber ich lasse sie nicht ziehen, sie müssen bei mir bleiben.

Wir besprechen die Frage des Schlafens. Meine Freundin wird bei mir im grossen Bett schlafen und der Freund auf dem Kunstledersofa. Wir trinken Kaffee, und sie bewundern meine Ruhe.

Um sechs Uhr gehe ich ins Theater, man könnte auch sagen auf die Schlachtbank. Unterwegs denke ich, wie schön, dass meine Wohnung nicht leer ist. Ich bin nicht allein. Ein grosser Rosenstrauss liegt da, natürlich, und ein Telegramm voller Zärtlichkeit. Ich gebe die Rosen dem Portier, der seit Wochen auf Schweizer Briefmarken wartet.

Irgend etwas stimmt einfach nicht.

Etwas ist faul im Kanton Basel-Stadt.

Er kann nicht kommen. Hat selber Premiere. Wer's glaubt, wird selig. Doch, doch, ja, ich weiss es, er kann wirklich nicht kommen. Fort mit der Trauer, fort mit den Zweifeln, ich will ihm einen heiteren Brief schreiben, gleich jetzt, nicht länger voller Schwermut an ihn denken. Man kann doch einen Menschen nicht zu etwas zwingen, wozu er, scheint's, nicht in der Lage ist. Vielleicht hat er kein Briefpapier oder keine Briefmarke, oder er weiss nicht, wo das Postamt ist. Vielleicht glaubt er, mir schon oft geschrieben zu haben, vielleicht war er sogar schon bei mir zu Besuch, wer weiss. Alles ist gut, alles ist gut. Keine Trauer mehr. Freue dich, o meine Seele. Dieses Lied habe ich als Kind aus vollem Herzen und Halse gesungen, in der grossen kalten Kirche in Weil. Ich habe gesungen, als ob's ums Leben ginge. Ich wusste nicht, was Seele ist, aber ich habe gesungen.

Während ich allein auf der Bühne stand, dachte ich eine Hundertstelsekunde an die Zierfische. Ich sah ihn auf dem Bahnsteig stehen, er wurde immer kleiner. Einmal dachte ich: Hoffentlich sieht mich keiner. Solche Gedanken waren gefährlich.

Mein Beruf ist schwer. Und schön. Schön schwer. Und doch gelingt es ihm manchmal, mich leicht zu machen wie eine Feder.

Ein arrivierter norddeutscher Regisseur sagte einmal zu mir: Das ist Knochenarbeit.

Vielleicht hätte er lieber Metzger werden sollen.

Ein Zuschauer bei Dreharbeiten in Israel sagte einmal: Das ist doch alles für die Katz, was Sie da machen.

Wahrscheinlich, antwortete ich.

Spät in der Nacht, nach der Premierenfeier, ziehen wir zu mir hinüber, meine Freunde und ein geflüchteter Regieassistent, ich bin leer und froh, der Schweizer Freund aus München gibt seine Militärerlebnisse zum besten und sagt: Wegen meiner schönen Stimme hat man mich zum Telefondienst eingeteilt. Da musste ich in allen Sprachen Rede und Antwort stehen.

Ich frage: Was musstest du hauptsächlich sagen am Telefon?

Er lacht. Das ist doch geheim. Das darf ich doch nicht weitersagen. Das gäbe schöne diplomatische Verwicklungen. Hueregopferdori. Chasch dänkche.

Der geflüchtete Ostberliner versteht nichts und fängt an zu weinen: Meine Mutter sitzt nur fünf Kilometer Luftlinie von hier entfernt, und ich weiss nicht, ob ich sie jemals wiedersehe.

Der Freund versucht, ihn zu trösten. Es wird eines Tages schon wieder besser werden, sagt er, man muss nur hoffen.

Nein, es wird nicht besser, sage ich, es wird immer schlimmer. Es gibt nichts zu hoffen. Bevor die Menschen sich nicht gegenseitig ausgerottet haben, ist keine Ruhe. Keine Hoffnung. Keine Hilfe. Keine Liebe. Schau doch mich an.

Wieso dich?

Weil ich zum Beispiel behaupte, einen Menschen zu lieben, mehr als alles, und gleichzeitig denke ich nur an mich. Nicht an ihn. Ich denke schon an ihn. Aber ich denke nur, wenn ich an ihn denke, ob er auch an mich denkt. Und so fängt er an, der Untergang. Verstehst du mich?

Nein. Was hat das mit seiner Mutter zu tun?

Jetzt weinen schon zwei.

Die Freundin sagt, ich hole den Champagner, damit er schön kühl wird hier drinnen.

Wir lachen und trocknen die Tränen.
Wir sind glücklich, dass wir einander haben.

Da sitze ich nun.

In der Falle, will ich nicht sagen, aber fast.

Wo sind die Freunde? Sie waren doch diesen Augenblick noch da?

Nein, das war vor drei Tagen.

Jetzt heisst es: die Zeit totschlagen.

Na, na, na, wer wird denn so dumm reden, junge Frau! Berlin! Da gibt es doch die dollsten Möglichkeiten! Zum Beispiel den Zoo.

Entschuldigen Sie bitte, aber zoologische Gärten gehören abgeschafft. Man stopfe die Tiere aus, ein für allemal, und öffne die Käfige. Oder die Menschen hinein in die Käfige und die Tiere davor. Ich wäre gerne ein Löwe, der als Menschenwärter angestellt ist. Ich würde die Menschen zwicken und zwacken, hei, wie würden sie hüpfen. Und welche Freude könnte ich den Tieren vor dem Käfig damit bereiten. Was müssen das für Menschen sein, die ohne Regung gefangene Vögel begaffen? Eingesperrte Tiere?

Na ja, das ist Ihre Meinung. Ich finde zoologische Gärten etwas vom Besten, was eine Stadt zu bieten hat, ich bin da ganz anderer Meinung, und ein Löwe, das versichere ich Ihnen, hat hier ein besseres Leben als da unten in Afrika. Und für mich zum Beispiel gibt es nichts Faszinierenderes, als vor dem Gorillakäfig zu stehen und zu beobachten, wie sich dieses gewaltige Tier in der Gefangenschaft behauptet und stundenlang auf demselben Fleck sitzt. Doll.

Oder wie wäre es mit einem Theaterbesuch drüben? Oder schwimmen? Oder einem Gang durch das Ägyptische Museum? Waren Sie schon in Plötzensee? Karajan in der Philharmonie oder das Europacenter, Pfaueninsel, das Berliner Nachtleben, kaufen Se doch den Führer *Wo gibt's was?*, da steht alles drin, also ich bitte Sie. Gehn Se doch in den Freizeitpark Lübars.

Aber – hallo – wo gehen Sie denn hin? Na so was, läuft einfach weg, die Dame.

Das ist jetzt das Neueste: Ich ziehe um.

Ich habe eine Luxuswohnung gemietet. Zwölf Meter hohe Räume, nein, das kann nicht sein, aber mir scheinen sie sehr hoch. Und Heizungen, soviel ich will. Ich kann, wenn ich will, in ganz dünnen Gewändern auf und ab gehen und friere nicht. Zwei- bis dreimal am Tag nehme ich ein Bad. Und gestern legte ich mich bei Gott nackig in die Hängematte, die im Wintergarten hängt, und rauchte eine Filterzigarette.

Ich habe einen Wintergarten? Natürlich. Da wachsen Palmen und fleischfressende Pflanzen. Ich nähere mich ihnen nur vorsichtig, nicht dass die mich eines Tages schnappen. Zum Glück ist eine Giesskanne mit einem langen Schnabel da.

Das Treppenhaus ist aus Marmor.

Wer wohnte hier? Welche Herrschaften? Wer polierte die Messinggeländer? Ein Dienstmädchen aus Schlesien? Oder aus Pommern? Aus Pasewalk?

Pasewalker Spritzkuchen, erzählte er, riefen sie immer am Bahnhof, die Frauen und Männer, die mit dem Hunger der Reisenden rechneten. Der Reisenden aus Berlin. Auf der Fahrt in die Sommerfrische der Ostsee.

Wer ging diese Treppen hinauf?

Wo sind sie alle? Wie endeten sie? Wurden sie auf Lastwagen abtransportiert? Oder waren sie es, die beim Abtransport halfen? Taten sie ihre Pflicht? Spielten sie abends Hausmusik?

Die Mauern schweigen. Der Marmor schweigt. Die Türen schweigen. Die Wände, die Badewanne. Wer badete in dieser grossen alten Wanne? Welche Speisen standen in der Speisekammer? Wer spielte auf dem Klavier? Das Klavier schweigt. Sag es mir doch, erzähle mir, sprich. Aber es schweigt. Obwohl ich den Deckel hob, auf dem sonst eine Vase steht, und diese Bitte flehend ins Klavier hineinsprach. Flehentlich bittend.

Die Vergangenheit verfolgt mich in dieser Stadt.

Ich habe einmal ein Buch gelesen, das hiess: *Der Clown Gottes.* Der Titel gefiel mir, weil es ja keinen Gott gibt. Ein alter Tänzer hat es geschrieben. Er rief: Ich bin Nijinskij! Wenn ich nicht geliebt werde, muss ich sterben. Je suis Nijinskij, celui qui meurt s'il n'est pas aimé. Ich glaube, das ist ein Schrei.

Ich schreie nicht, sonst werden womöglich die Nachbarn, die ich nicht kenne, unruhig, ich würde auffallen. Das will vermieden sein. Nicht schreien. Nicht mehr geliebt werden, das ist wie Fallen.

Die Stadtbahn rattert, wo fahren diese Leute alle hin? Nicht geliebte, nicht mehr geliebte. Nie geliebte. Geliebte. Geliebter.

Wo ist er jetzt?

Unschuldig, wie ich bin, spazierte ich heute über den Savignyplatz und sehe plötzlich einen jungen Mann über die Strasse laufen, hinter ihm her ein anderer junger Mann, der ihn packen will, aber nicht erwischt. Ein dritter Mann, der den beiden entgegenkommt, wirft sich vor den Flüchtenden, der stolpert, beide fallen zu Boden. Der Verfolger wirft sich auf beide und zerrt den Verfolgten an den Haaren zur Seite. Er schlägt auf ihn ein, Passanten bilden einen kleinen Kreis. Kein Mensch weiss, was der junge Mann verbrochen hat. Jetzt kommt eine Frau ohne Mantel, zwängt sich durch den Kreis und ruft: Habt ihr dieses Schwein? Na, der wird keine Bücher mehr klauen. Ein Zuschauer hilft dem Schläger, indem er den am Boden Liegenden mit Fusstritten traktiert, endlich lassen sie ab von ihm. Er liegt und blutet im Gesicht, die Menge bleibt stehen, eine Arena, in der Mitte der verletzte Stier. Der Junge schaut auf, ein Mann in grauem Mantel ruft: Wat kiekste noch, du kleener, dreckjer Dieb. Nach Sibirien gehören solche.

Niemand, auch ich nicht, auch ich nicht, auch ich nicht, hilft dem jungen Mann, der sich jetzt aufrappelt und weggehen will. Aber die Buchhändlerin kreischt: Nee, nee, du bleibst hier und wartest schön, bis die Polizei kommt. Der Junge setzt sich auf den Rand des Bürgersteiges. Die Leute zerstreuen sich, indem sie verschiedene Vorschläge zur Bekämpfung solchen Gesindels machen, ich stehe da, schäme mich, Ekel überkommt mich, ich bin wie die anderen, ich bin eine Mörderin, ich bin die schweigende Mehrheit, ich habe soeben einen Menschen ermordet, ich bin eine kleine brave Spiesserin, ich habe einem Menschen meine Hilfe versagt, der gelbe Stern, ich sehe mich stehen, gaffen, Schaufenster werden kaputtgeschlagen, ich sehe aus sicherer Entfernung schweigend zu, wie man Juden verhöhnt, ich weiss von nichts, ich habe nichts gesehen, ich bin unschuldig, ich kann keinem Tierchen etwas zuleide tun, ich bin anständig, ich achte die Gesetze, auch die Nürnberger, was soll man denn machen, man ist doch nur ein Rädchen im Getriebe, natürlich ist das alles schrecklich, aber was soll man denn machen?

Ich trage meinen anständigen Körper in mein rassereines Nest.

Ich schäme mich. Ich bin wie sie.

Jetzt steht der Koffer neben dem Bett. Steht. Nicht liegt. Warum habe ich ihn dorthin gestellt? Ich weiss es nicht. Er ist leer.

Wenn ich das Licht gelöscht habe und auf den Schlaf warte, spiele ich mit der rechten Hand an diesem Koffer herum. Ich nehme den Griff in die Hand, als ob ich gleich abreisen müsste. Eines Morgens wache ich auf, den Griff noch immer in der Hand.

Ich habe frei heute. Was mache ich den ganzen Tag? Ich habe Angst vor den vielen Stunden, keine Proben mehr, nur alle zwei Tage Vorstellung.

Tschechow sagt: Arbeiten. Arbeiten. Die einzige Rettung. Ich arbeite. Wo bleibt die Rettung?

Nein, ich arbeite nicht genug.

Aha, sie weiss nichts mit sich anzufangen, sie ist zu leer!

Halt! Nein! Umgekehrt! Ich bin zu voll, wie gern wäre ich leer.

Warum habe ich diese sogenannte Bildung? Ich weiss genau so viel, dass ich mich damit ein wenig interessant machen kann, ich habe die Schwelle der Freiheit überschritten, ich sitze in der Falle. Ich habe einen schönen giftigen Brei in meinem Gehirn. Einen abendländischen Brei. Und der breitet sich aus. Er läuft an mir herunter, er setzt sich in den Ohren fest, in den Augen, der Mund ist mit diesem Brei gefüllt, mein Herz ist bedroht, dieses Herz, das ich geöffnet habe für das Glück. Bald wird alles verstopft sein, bald werde ich ersticken müssen, der Brei ist überall, auf den Strassen, auf den Gesichtern, in den Buchstaben, die Atemnot wird grösser.

Ich hatte einen Onkel, der öffnete zwei-, dreimal im Jahr die Fenster seiner Wohnung, ging von einem zum anderen und schrie hinaus in den Himmel: Wenn ich nur dümmer wäre! Wenn ich nur dümmer wäre! War das Verzweiflung?

Der Koffergriff in meiner Hand. Wo könnte ich denn hin mit diesem Koffer? Ich brauche keinen Koffer, ich will, glaube ich, gar nicht mehr fort, ich möchte schlafen, schlafen, entschlafen, vergehen, verlöschen, verglimmen, verenden, ich möchte, dass das Bett leer wäre, niemand sollte mich vermissen oder suchen müssen, ich möchte den Zustand des Nie-gewesen-Seins, jetzt, jetzt, das ist ein süchtiger Wunsch, ich habe Angst vor dem Tag, ich weiss, dass der Briefkasten wieder leer sein wird.

Ich muss aufstehen.

Was habe ich denn in der Schule gelernt? Ausser schreiben, lesen und rechnen? Brei. Die sogenannte humanistische Bildung. Soll ich ein Beispiel geben? Also gut.

Fangen wir einmal bei den alten Griechen an.

Zeus, der Gott der Götter, der Hüter des Rechts und der Treue und vor allem der sittlichen Ordnung, ist mit seiner Schwester verheiratet, warum nicht. Ansonsten aber ist er als Massenmörder beschäftigt, und wem es nicht passt, der wird bestraft. Worin diese Strafen bestehen, das weiss der humanistisch gebildete Mensch.

Kronos verstümmelt auf Geheiss seiner Mutter seinen Vater mit einer Sichel. Dann frisst er seine Kinder und gibt sie später wieder von sich.

Eine andere Kostprobe: Ein junger Herr, Lityerses geheissen, lädt jeden, der an seinem Haus vorbeispaziert, zum Essen ein. Nach dem Essen schlägt er ihm den Kopf ab.

Nett auch die Geschichte von Athene und Familie: Bevor sie geboren wird, frisst der Herr Papa die schwangere Mutter auf, aus Angst, sie könnte einen Sohn gebären, der den Vater an Macht überträfe. Nachdem er diese Speise zu sich genommen hat, bekommt er heftige Kopfschmerzen, und er bittet Hephaistos, übrigens auch ein nettes Früchtchen, ihm mit einem Beil den Kopf zu spalten. Der gute Mann will ihm diese Bitte nicht abschlagen und greift hilfsbereit zum Beil. Aus dem freigelegten Gehirn springt Zeus' Töchterchen Athene hervor.

Als ich damals in der Schule bei dieser Stelle lachen musste, jagte mich der humanistische Professor zur Tür hinaus.

Jetzt geht es weiter: Tantalos serviert den Göttern zum Abendessen seinen Sohn, die Herren sind beleidigt, nicht weil er seinen Sohn geschlachtet hat, sondern weil sie getäuscht wurden von Tantalos. Sie ziehen sich ein Weilchen zurück und beraten, wie man ihn für diese Täuschung bestrafen könnte. Sie entscheiden sich für Hunger und Durst auf ewig. Aber, meint ein Gott, das genügt nicht. Sie stellen ihn also bis zum Kinn ins Wasser, über ihm hängen die herrlichsten Früchte. Will er trinken, weicht das Wasser zurück, will er essen, ebenso die Früchte. Aber, überlegt ein anderer der Götter, die Strafe könnte man noch etwas ausschmücken. Wir machen ihm zum Hunger und zum Durst noch ein bisschen angst. Ein dicker, grosser Felsen soll über seinem Kopf schweben, und Tantalos soll glauben, er stürze jeden Augenblick auf ihn herab.

Oder Prometheus. Oder Sisyphos.

Ich werde elf gewesen sein, als ich das erfuhr.

Für das mindere Volk, das keine Gelegenheit zu einer humanistischen Bildung hat, gibt es ein Buch. Es heisst: *Die schönsten Sagen des klassischen Altertums.*

Wie müssen jene sein, die nicht »die schönsten« sind?

Wo bin ich? Wo lebe ich? Wer rettet mich?

Ich habe mein Wort gebrochen und bin wieder mit der U-Bahn zum Innsbrucker Platz gefahren. Ich stieg nicht gleich hinauf auf die Strasse, blieb noch ein wenig sitzen unten.

Die alten Fliesen sind noch da, die Buchstaben »Innsbrucker Platz«. Ich sehe sie an, diese Buchstaben. Sie haben ihn gesehen. Er lebte schon vierundzwanzig Jahre lang, als ich »efange«, wie der Schweizer sagt, geboren wurde. Ich unterhalte mich ein wenig mit den Buchstaben, und sie erzählen mir, dass er immer in grösster Eile war. Und nie eine Mütze auf dem Kopf hatte. Auch bei fünfundzwanzig Grad unter Null nicht. Das kenne ich, sage ich. Das ist bis heute so.

Und immer wache Augen. Wenn ihm eine Bahn davonfuhr, warf er sich auf eine Bank und holte ein Buch aus der Tasche. Oder eine Zeitung. Oder er rauchte eine. Juno hiess die Marke. Einmal sahen wir ihn auch mit einer schönen Dame, die älter war als er, höchst galant half er ihr beim Einsteigen.

Das war seine Mutter, sage ich, höchstwahrscheinlich hatte er sie ins Theater eingeladen.

Nachts kam er nicht regelmässig zurück.

Ich weiss, sage ich, er ging manchmal den weiten Weg vom Deutschen Theater zu Fuss zurück oder per pedes, wie der Berliner sagt.

Schumannstrasse, Albrechtstrasse, über die Spree in die Friedrichstrasse. Rüber über die Linden, ein Stückchen Leipziger Strasse, und schon war er am Potsdamer Platz. War das ein Leben Tag und Nacht. Jetzt ging es weiter durch die lange Potsdamer Strasse. Unter dem Bülowbogen hiess es aufpassen, da trieb sich das sogenannte Gelichter herum, zum Glück genügte ein Sprung über die Grunewaldstrasse, weiter, weiter die Potsdamer, bis sie plötzlich Hauptstrasse hiess, und schon war er zu Hause.

Ah, sagen die Buchstaben. Deswegen. Wir fragten uns nachts, wenn keine U-Bahn mehr fuhr: Wie kommt er bloss heim?

Und so plauderten wir ein Stündchen, und als mein Herz gebrochen war, stieg ich in die U-Bahn, winkte den Buchstaben und wünschte ihnen Glück.

Ich fuhr zurück zur Station Schöneberger Rathaus und sah durch die grossen Glasfenster.

Der goldene Hirsch. Ich strich im Stadtpark herum und schloss auf einer Bank die Augen. Wo sonst, wenn nicht hier, ging seine Mutter mit ihm spazieren, als er anfing zu stehen und zu laufen?

Ich habe einmal, nein hundertmal, eine Schallplatte gehört, Hans Moser singt das Lied *Brüderlein fein ...* Er singt es, er spricht es, er knurrt es, und eine helle, fröhliche Sopranstimme (es ist die Jugend) lässt sich mit ihm in ein Gespräch ein. Aber in kein Geschäft – am Ende des Liedes schwebt sie davon –, er kann sie nicht bestechen, nicht kaufen, nicht halten.

Daran denke ich oft vor dem Einschlafen. Das wache Leben ist Moser, die zarte, sichere Sopranstimme der Schlaf. Wir beide schweben davon –

Ja, ich weiss. Ich hätte es schon lange sagen müssen.

Er hat mir geschrieben. Er hat mir auch ein zweites Mal geschrieben. Und von der Arbeit erzählt und vom Wetter und von der Freude, mich glücklich zu wissen.

Ja, ja, es geht mir gut. Solange er nicht weiss, was hier geschieht.

Die Briefe habe ich gelesen wie, sagen wir, einen Probenplan. Oder eine Reklamepostwurfdrucksachensendung.

Ich habe auch ein Telefon. Immer am Sonntag nachmittag gegen fünf Uhr ruft er an. Ich rufe nicht an. Warum, weiss ich nicht. Ich habe Angst, ihn zu stören.

Obwohl ich kein Hund bin, wittere ich etwas. Eine Art Abschied.

Die Zeit will nicht vorwärtsgehen. Der Tag will nicht enden, der Abend. Sah ich, sagen wir, um halb drei auf die Uhr, war es halb drei. Sah ich zwei Stunden später erneut auf die Uhr, war es zehn nach halb drei.
Die Zeit. Die Stunden.
Und ich stand da. Manchmal setzte ich mich. Ging hin und her. Auf und ab. Fing mit einem Messer an zu sprechen. Ich sagte etwa: Wieso liegst du da noch auf dem Tisch? Wir haben doch schon lange aufgehört zu essen. Oder ich sprach zu einem imaginären Menschen: Entschuldigen Sie, brauchen Sie das Messer noch? Nein? Dann werde ich es jetzt in die Küche bringen. Brauchen Sie es bestimmt nicht mehr? Der Gang danach in die Küche. Der Gang zurück in das grosse Zimmer.
Wieder eine Minute vorbei. Wenigstens das.
Ich lese doch so gern. Aber was sie liest: Immer so schweres Zeug, sagte meine Mutter schon vor zwanzig Jahren. Lies doch mal was Leichtes. Was ist das? Etwas Leichtes?
Ohne Buchstaben kann ich nicht sein. Buchstaben, Wörter, Sätze retten mich, nehmen mich auf, laden mich ein. Tag und Nacht kann ich zu ihnen gehen. Sie weisen mich nicht ab.
Wo soll ich denn hin, wenn nicht zu den Buchstaben? Im Augenblick ist ein gewisses Buch mein inniger Freund.

Ich spreche ab und zu mit ihm.

Wenn ich zum Beispiel nachts aus dem Theater komme, sage ich: Warte, ich komme gleich zu dir. Ich will aber noch etwas essen und trinken. Hast du auch Hunger? Nein? Dann esse ich halt allein. Schön dumm, schau die guten Sachen alle. Und ich setze mich an den Tisch und beginne zu essen. Und nach jedem Bissen mache ich: Hmm, das ist gut. Aber es nützt nichts. Oder ich frage: Hat jemand angerufen? Vielleicht aus dem Ausland? Ein Ferngespräch? Ein Gespräch aus der Ferne? Etwa 870 km von hier? Von hier aus gesehen südlich? Na? Südwestlich von hier? Südsüdwest. Komm, sag mir's doch.

Und dann gehen wir zusammen ins Bett. Manchmal drücke ich das Buch ganz fest.

Einmal, wirklich, da müsste ich mich arg täuschen, habe ich eine Art Töne aus dem Buch herausgehört.

Sprache?

Musik?

Ach, mein Freund.

Was habe ich sagen wollen?

Ich strich in den Kaufhäusern herum. Manchmal setzte ich mich in der Herrenabteilung auf einen Stuhl und schaute den Männern zu, die Mäntel probierten. Oder Anzüge. Siebzig Prozent dieser Männer, sagen wir fünfundachtzig, taten mir leid, denn nicht sie wählten die Kleider aus, sondern ihre eifrigen Frauen. Einmal gab ich einem älteren Herrn ein Zeichen, indem ich langsam den Kopf schüttelte und auf den zuerst probierten Mantel deutete, nachdem sich seine Frau für den zweiten entschieden hatte. Aber er verstand mich nicht.

Sehr gern hielt ich mich auch in der Schreibwarenabteilung auf. Da riecht es so gut. Nach Bleistiften und Papier. Und Leim. Manchmal probierte ich Füllfedern aus. Einmal drückte sich eine Frau an der Vitrine herum, in der Füllfedern lagen. Die Verkäuferin hatte ein Auge auf die Frau geworfen – was heisst denn das jetzt wieder: hatte ein Auge auf die Frau geworfen. Das wäre ja furchtbar. Was ist denn mit mir los? Oder mit der Sprache. Wer hat denn die Sprache so verhunzt? Verhunzt, das geht ja auch nicht. Jedenfalls fragte die Verkäuferin: Möchten Sie eine Feder ausprobieren?

Die Frau lächelte und zuckte mit den Schultern.

Du nix Deutsch? fragte die Verkäuferin.

Doch, doch, sagte die Frau.

Na, um so besser, hier, probieren Sie ruhig aus. Und schon holte sie ein Tablett voller Füllfedern aus der Vitrine. Hier ist ein Papierblock zum Schreiben. Sie öffnete einen Füllfederhalter und reichte ihn der Frau über den Tisch.

Die Frau nahm ihn und schaute auf das Papier, das vor ihr lag. Aber sie schrieb nichts. Sie schaute sich um. Drehte die Feder in der Hand herum, sah auf ihre Füsse und schüttelte den Kopf. Wieder sah sie sich um, und nun sagte sie: Was soll ich denn schreiben?

Na irgendwas, sagte die Verkäuferin.

Die Frau nahm den linken Daumen ein bisschen in den Mund und kratzte sich hinter dem Ohr. Sie stierte auf den Block, und zwischen ihren Augen bildete sich eine starke Falte. Und auf einmal legte sie die Feder hin und ging fort.

Die Schönheitsabteilungen mit den vielen Spiegeln mied ich. Ich wollte mich nicht sehen.

Oft hört man Kinder weinen in Kaufhäusern. Das sind Kinder, die von ihren Müttern stundenlang durch die Abteilungen gezerrt werden. Und niemand zieht ihnen die dicken Wollmützen aus oder die Kunstledermäntelchen in der Affenhitze. Niemand schützt sie. Niemand sieht in ihre Augen. Warum gibt man den Verkäuferinnen keine Stühle?

Ich ersticke, wo ist der Notausgang, Luft, Luft.

Wo ist er jetzt?

Es ist halb eins, die Menschen drängen in die Gaststätten, Wirtschaften, Restaurants, Schnellrestaurants, Kantinen, Imbissstuben, Würstchenbuden, alle wollen essen, damit sie nicht verhungern.

Wo bin ich denn jetzt? Rankestrasse. Rankestrasse? Das habe ich doch schon einmal gehört. Ranke. Ranke. Ah. Ich weiss, da hat sein Vater gewohnt, das habe ich in den Familienpapieren gelesen. Ja, genau. Aus Winterthur kam er nach Berlin und nahm eine Wohnung in der Rankestrasse. Und dann heiratete er ein Mädchen aus Westpreussen, und sie zeugten einen Sohn, ein schönes Bübchen.

Und diesem Bübchen begegnete ich, als es vierundvierzig war. Ich war zwanzig.

Und die Liebe kam in mein Leben.

Auf dem Nachttisch neben meinem Bett steht ein kleiner Radioapparat. Oft drehe ich daran herum. Nein, selten. Ich will nichts hören. Musik? Nein, nein, lieber nicht. Die Musik, die ich liebe, gäbe meiner restlosen Verlassenheit noch den Rest. Das muss man vermeiden. Man. Bin ich man? Ja, ja, was denn sonst.

Eine Sendung, ja, eine Sendung hörte ich. Suchdienst hiess sie, glaube ich. Brüder suchen ihre im Krieg verschollenen Schwestern, Eltern ihre Kinder, Kinder ihre Eltern, Frauen ihre Männer. Dreiunddreissig Jahre nach Kriegsende gibt es Menschen, die Hoffnung haben, ihre Angehörigen wiederzufinden.

Vielleicht hält sie das am Leben.

Ich muss niemanden suchen. Ich habe keine Hoffnung.

Ich werde nicht gesucht.

Keine Hoffnung.

Nijinskij.

Wie es meiner Verzweiflung entspricht, bleibe ich heute liegen. Sechsunddreissig Stunden bis zur nächsten Vorstellung.

Warum hat er mich vergessen?

Heute machte ich mich schön und ging diesen Kurfürstendamm hinauf. Oder hinab? Ich flanierte vornehm und etwas verhalten an den Schaufenstern und Vitrinen vorbei, warf da und dort einen Blick hinein, putzte mir zwischendurch die Nase und erkundigte mich bei einem Juwelier nach dem neuesten Stand der Perlen. Wissen Sie, sagte er, Perlen leben. Perlen atmen. Ich wollte es nicht glauben.

Wer lebt, muss auch essen, sagte ich. Was essen Perlen hauptsächlich?

Hahaha, lachte der Juwelier, das ist gut. Aber meine Frage wollte er nicht beantworten.

Fische? fragte ich. Kennen Sie die Operette *Die Perlenfischer?* Warum nicht? Das wäre doch das mindeste, was man von einem Perlenhändler erwarten dürfte.

Er kam hinter seinem Ladentisch hervor und fasste mich vorsichtig am Arm, öffnete die Tür und sagte lächelnd: Darf ich bitten, indem er mit einer charmanten Handbewegung auf die Strasse wies. Ich rauschte hinaus.

Adieu, sagte ich, und vergessen Sie nicht, die Perlen zu füttern.

Ich flanierte weiter mit meinen blauen Augen.

Müssen die Menschen immer nüchtern sein? Darf man nicht hin und wieder ungewöhnliche Fragen stellen? In mir war Heiterkeit und eine mutwillige Lust, wildfremde Menschen in Gespräche zu verwickeln. Ver-wickeln. Mein Berufsstand ist da nicht weit entfernt. Spielen. Ein Spielchen machen.

Ich ging weiter und betrat – Kurfürstendamm, Ecke Leibniz- (oder war es Knesebeckstrasse) – eine grosse Buchhandlung.

Achtzig Bücher bitte, sagte ich.

Was für Bücher? fragte die Buchverkäuferin.

Ich deutete auf das Regal hinter ihr. Da, die dahinten.

Sie rief einen Buchhändler herbei und sagte: Hören Sie sich das an, Herr Mangold.

Womit kann ich dienen? fragte er freundlich.

Ich habe es zwar dem Fräulein schon gesagt, aber sie hat anscheinend Angst vor mir. Achtzig Bücher.

Ich hatte etwa zweitausend Mark im Geldbeutel, und Mangold ahnte das, scheint's. Er bediente mich gefällig.

An welche Titel dachten Sie denn?

Titel? sagte ich, an Titel dachte ich weniger. Geben Sie mir von dahinten einfach achtzig Bücher. Oder neunzig. Wie Sie wollen.

Das ganze Regal hinter Mangold musste nun geräumt werden.

Ich sagte: Sie können ruhig alles in eine Schachtel werfen.

Na, hören Sie, gnädige Frau, schmunzelte er.

Er fragte, ob ich noch andere Besorgungen zu erledigen hätte, und ich antwortete freundlich: Nicht dass ich wüsste. Er bot mir einen Stuhl an und eine Tasse Kaffee. Aber ich trinke nicht gern Kaffee in Buchhandlungen.

Ich setzte mich gern auf den Stuhl und wartete auf die Verpackungsaktion.

Rufen Sie Herrn Kraut, er muss notieren, sagte Mangold zu besagter Verkäuferin und sprang bei Gott ein bisschen in die Höhe.

Kraut und Mangold. Zwei Gemüsenamen. Das findet man selten in einer einzigen Buchhandlung.

Kraut liess auf sich warten. Ich sass auf diesem Stuhl, und – ja, ich muss es sagen – ich dachte an ihn. Wo war er in diesem Augenblick? Auch in einer Buchhandlung? Oder in einem Lift?

Ich wurde klein. Wahrscheinlich wieder so fahl und gelblich. Ich hatte keine Grazie auf diesem Stuhl, saugte an unfassbaren Gedanken herum. Die Liebe. Ich habe nicht gewusst, dass sie einen so fertigmachen kann. Bin ich eingenickt? Ich setzte mich aufrecht und bemerkte, dass das Regal schon beinahe ausgeräumt war.

Nun stach mich der Hafer, und ich sagte: Wat schreiben Se denn det alles einzeln uff? Mir jenücht die Endsumme. Ick broch keene Rechnung.

Und nachdem ich den Betrag vernommen hatte, sagte ich laut und deutlich: Das isch jo ä schöni Schtange Gäld, gopfrdorinonemol.

Ich hörte exakt das Wort manoli. Obwohl die hochmütige Verkäuferin, diese Schnudernase, mit dem Rücken zum Publikum stand, hörte ich dieses Wort genau, das sie Kraut zuflüsterte. Der arme Hund aber war mir zugewandt, und es blieb ihm nichts anderes übrig, als dankbar zu lächeln. Auch Herr Mangold hatte zu lächeln. Den ganzen Krempel liess ich per Taxi transportieren.

Natürlich auf Kosten des Hauses, buckelte Mangold, und ich dankte, indem ich fragte: Sind Sie ein Hotel?

Über meinem Bett hing ein Regal, eine Konsole, oder luftiger ausgedrückt: Etagere. Man konnte dort Vasen plazieren oder Kerzen. Von mir aus auch Gummibälle oder alte illustrierte Reisebeschreibungen. Je nachdem. Ich bugsierte die Bücher hinauf. Von heute an seid ihr hier zu Hause, sagte ich streng und ging ins Bett.

Kurz darauf fiel mir der ganze Plunder auf den Kopf. Ich blieb liegen. Floss da Blut? Ich spitzte die Ohren. Nein, es tropfte nichts.

Ich schüttelte zwei- oder dreimal heftig den Kopf, und die Bücher, die auf meinem Gesicht lagen, rutschten zur Seite.

Begraben unter Büchern und einem Holzgestell. Die Lage, in die ich geraten war, schien interessant.

Da lag ich nun.

Und meine Gedanken begaben sich auf eine grosse Reise. Weit, weit fort in ferne Länder, nach Afrika und Arabien, nach Indien und über den Himalaja nach China, nach Russland und von dort nach Polen. In Galizien wollten sie ein Stündchen ausruhen, aber sie fanden Galizien nicht mehr.

Kolomea, Zablotow, Brody, Stanislau, Werbowitz, Sambor, Horodenka, Tarnów, Lemberg, ich habe euch nicht mehr gefunden.

Zwei Tage bis zur nächsten Vorstellung.

Ich werde mich heute bei verschiedenen Fernsehproduzenten vorstellen. Ich nehme meine Fotos und zeige mich beim ersten Herrn um 10.30 Uhr. Er lümmelt hinter seinem Schreibtisch und lässt mich meinen sogenannten Werdegang erzählen. Danach blättert er lässig in meinen Fotos und sagt, indem er sich erhebt: Leider, im Augenblick sehe ich gar keine Möglichkeit. 11.30 Uhr zeige ich mich beim nächsten Produzenten. Leider ... Am Nachmittag empfängt mich eine alte Dame, die mir, während sie meine Fotos durchblättert, erzählt, welche Krankheiten sie in den letzten Jahren durchgemacht habe und dass sie nun ungeduldig auf ihre Pensionierung warte. Der Laden hier hängt mir zum Hals heraus, sagt sie.

Wieder stehe ich auf der Strasse.

Was mache ich falsch?

Ich weiss es nicht.

Berlin. Übern Damm und durch die Dörfer, so heisst das Buch, das ich mir heute gekauft habe. Ausgewählt aus einem Angebot Berlin-Bücher, die meist farbig dem Betrachter etwas vorgaukeln, das es nicht gibt. Der Verkäufer empfahl mir ein anderes, das »sehr gern gekauft wird«, Hochglanz, Berlin in der Morgen-, Mittags- und Abendsonne, Schönheit und Friede, Stimmung und Lebensfreude Seite um Seite. Der Leierkastenmann am Ku'damm, die Pfaueninsel und die gemütliche Stadtbahn, das hellerleuchtete Pressehaus eines Zaren an der Mauer. Aber die Mauer sieht man nicht.

Meine Wahl ist besser. Schwarzweiss. Und viele Informationen. Das gibt Arbeit.

Wenn ich will, kann ich nun alle Häuser, in denen die Dichter und Musiker und Künstler wohnten, suchen. Soll ich? Gut. Ich fang' gleich morgen früh an. Um acht. Sagen wir, in Schöneberg. Im schönen Monat November. Von A bis Z. Artmann bis Zuckmayer. Die fröhliche Weinbergschnecke. Wie ihn ein wütender Österreicher nannte. Die interessiert mich nicht gerade brennend. Oder Büchmann. Die Axt im Haus erspart den Zimmermann. Viele Lyriker, auffallend viele Lyriker wohnten in Schöneberg. Muss ich sagen. Und Bolle. Klingel-Bolle mit der Milch. Und Marlene Dietrich, Filmschauspielerin. Und Rudolf Steiner. Der Dichter des Buches *Blut ist ein besonderer Saft.* Oder soll ich zuerst nach Wilmersdorf? Da bin ich ja schon.

Wicki Baum bis Tucholsky. Lautensack. Sprang der nicht ins offene Grab von Wedekind während der Beerdigung? Da war doch was ... Doch, ich glaube, er sprang.

In ein offenes Grab springen. Könnte ich das? Nein. Ich muss lachen. Und Lachen gehört nicht an ein Begräbnis.

Täglich kommt der Gedanke: Wie würde es sein, wenn er stirbt. Der Gedanke ist so nah, und die Vorstellung, dass es eines Tages soweit sein könnte, so fern.

Was würde ich als erstes tun? Oft denke ich: nichts. Bei ihm sitzen bleiben. Oder liegen.

Ich lese nichts mehr. Das ist ein böses Zeichen. Kann nicht. Greift mich alles an. Vom Lesen wird man ja ganz verrückt.

Da liegen sie, meine Freunde.

Bilderbücher habe ich gekauft. Bilderbücher. Nur nichts mehr lesen müssen. *Die Welt von oben* und *Das war 1977*.

Nun wollen wir einmal sehen, was 1977 war. Nur Mord und Totschlag. Weg. Die Welt von oben. Aha, das scheint schöner zu sein. Wahrscheinlich, weil keine Menschen zu sehen sind. Keine lachenden Politiker und keine Wissenschaftler oder Paraden oder verhungerte Kinder. Ich halte das alles nicht mehr aus. Schneebedeckte Alpengipfel sind da zu sehen. Das interessiert mich weniger.

Oh, die milde Landschaft Mittelfrankreichs, die Gegend um Beaune herum, *La douce France*. Langsam umblättern. Arabien und Ägypten vom Sputnik aus. Möchte ich jetzt dort unten sein? Warum nicht. Warum nicht.

Manhattan. Vielleicht finde ich die Freiheitsstatue. Wo ist sie denn? Diese berühmte französische Dame, die die Arme ausbreitet, um die Verjagten, die Flüchtenden, die Hiobs der Welt zu grüssen. An der Schweizer Grenze gibt es, soviel ich weiss, keine Freiheitsstatue. Dort ist man lieber unter sich.

Norwegen. Auch schön. Die Akropolis. Hm. Was kommt jetzt? Die sicherste Grenze der Welt, steht da geschrieben. Wo ist denn die? Ob ich es glauben will oder nicht: hier in Berlin.

Ich suche die Gegend, in der ich augenblicklich sitze. Ich schaue dieses grosse Bild an und fahre mit dem Finger über die sicherste Grenze der Welt. Da bin ich ja gut aufgehoben. Stacheldraht, Stolperdraht, Wachtürme, schräggestellte Eisenstangen und eine dicke Mauer.

Erwachsene Männer haben das geplant, und erwachsene Männer haben das ausgeführt. Minenfelder. Anstatt Salat oder Gemüse werden dort Minen in die frischgepflügte Erde gesteckt. Ob das wohl Gärtner machen? Wahrscheinlich nennt man diesen Berufsstand Minenleger.

Was willst du einmal werden, Junge? Minenleger, brav.

Es gibt überhaupt die drolligsten Berufe in dieser Berliner Gegend. Ich sah, als ich einmal an dieser Mauer herumstrich, jene bekannten Wachtürme und blieb stehen und schaute hinüber. In so einem Wachturm sitzen zwei erwachsene Männer und schauen hinaus. Der eine schaut nach Norden, der andere nach Süden. Sie haben sich also die Rücken zugewandt. Sie müssen warten, bis jemand flüchten will, und dann heisst es: schiessen. Auch ein netter Beruf. Flüchtlingserwarter sind das.

Wenn man in der Stadtbahn sitzt, kann man, je nachdem welche Strecke man fährt, die Schäferhunde sehen, die, an langen Leinen angebunden, auch auf Flüchtlinge warten müssen. Falls der Turmschützer danebenschiesst, muss der Hund zubeissen. Beisst auch der daneben, sind ja Gott sei Dank noch die Minen da für alle Fälle. Also es kann gar nichts passieren.

Lange Zeit beschäftigte mich der Gedanke, von Westberlin nach Ostberlin zu flüchten. Und zwar über diese sicherste Grenze. Ich könnte auf Westberliner Seite eine Leiter an die Mauer stellen, hinaufsteigen und mich durch einen Sprung in Unsicherheit bringen.

Der eine Turmsitzer würde zum andren sagen: Isch säh wohl nisch richtsch. Und Soldat Schulze würde ihm ein Taschentuch geben, um den Feldstecher zu polieren. Nun würde er richtig sehen und sagen: Geh ä'mol runder.

Einer wäre nun oben, einer unten. Und beide würden ihr Schiesseisen auf mich richten. Nun müsste ich flüchten, damit die beiden endlich etwas zu tun hätten. Oder doch nicht?

Ich könnte dem Hund pfeifen. Das gäbe einen Riesenschlamassel. Ich könnte sogar einen Wurstzipfel bei mir haben, um den Hund zu locken. Westwurst. Komm, Struppi, Wursti, Wursti. Nein, nicht Struppi. Hektor oder Rex. Die haben strenge Namen, diese Blutbestien.

Wird der Wahnsinn sichtbar?

Das war einmal seine Stadt.

Erwachsene Männer haben eine Mauer gebaut. Ich fasse das nicht. Ich stehe davor. Nein, ich fasse das nicht. Ein paar Meter weiter, im sogenannten freien Westteil der Stadt, steht eine Siegessäule. Nein, ich fasse nichts mehr.

Ich will fort. Wohin? Ich weiss es nicht. Heim? Was ist das?

Heim in die Schweiz? Wo sie keine Zigeuner hereinlassen?

Heim ins Elsass? Wo Madame Bertelé, die Wirtin in Leymen, keine Algerier bedient?

Heim nach Weil? In dieses von Barbaren zerstörte Dorf?

Die Dreiländerecke. Die einen sprechen so, die anderen so, und jeder ist froh, nicht dorthin zu gehören, wo die anderen hingehören.

Die Franzosen mit den blauen Hosen, die Sauschwaben, die Schweizerlöli.

So hat jeder für jeden eine herzige Bezeichnung.

Ich weiss nicht, wo ich hingehöre.

Vielleicht nach Schöneberg?

Isch saddel um un geh nach Ameriga, sagte Herr Weiss, als ihm gekündigt wurde.

Aber dort will ich auch nicht hin.

Zwee Seelen wohnen, ach, in deiner Brust, wa? sagte heute einer hinter der Bühne zu mir.

Der hat eine Ahnung. Mindestens fünftausend.

Ein Glück, dass er nichts weiss von meiner Einzelgängerei.

Kein Wunder, wer sollte ihm davon berichten? Und ich weiss, was ich zu berichten habe.

Nicht zu nah auf den Pelz rücken, ich habe es schon einmal gesagt.

Berlin, wird er denken, da is wat los. Ja, das kann man sagen. Ich sage mir eher, da war wat los. Aber mit der Vergangenheit darf ich ihm nicht kommen.

Das Leben ist – ich weiss es auch nicht.

Wenn nichts dazwischenkommt, dauert es etwa fünfundsiebzig oder achtzig Jahre. Ich höre die Leute oft sagen: Das Leben ist kurz. Ich sage: Das Leben ist lang.

So lange ungeliebt leben, *wer kann das?*

Man hüpft von Hoffnung zu Hoffnung.

Wer nicht geliebt wird, verendet. Verkommt.

Erkenne die Lage! empfahl ein deutscher Dichter. Seit ich sie erkannt habe, geht es bachab mit mir.

Meine Schwermut, meine Unzulänglichkeit, dieses Bohren und Denken. Denken ist gefährlich, je weiter man denkt, je gefährlicher wird die Lage. Und da ist es gescheiter, man bleibt allein. Nicht anderen die Ohren vollpfeifen mit seinen Nöten, die ihnen nur als Nötchen erscheinen würden. Besser allein bleiben. Sich niemandem zumuten.

Ja, ja, ich weiss es. Man hat keinen Hunger, man hinkt nicht, man ist gesund. Man hat es warm, ein Dach über dem Kopf, und wenn man will, kann man sich sogar eine Extrawurst leisten.

Sie sprachen gestern vor der Vorstellung von einem Mädchen, das sich »wegen eines Kerls« vom Dach gestürzt habe.

Sorgen hat die, sagt einer.

Ja, Sorgen hatte die, sage ich.

Ach hör doch auf, Mensch, sagt er, andere müssen an Krepps zugrunde gehen, und die schmeisst ihr Leben weg.

Man kann auch an der Liebe zugrunde gehen, mein Herr.

Ich habe einen wilden Plan. Ich nehme einen andern.

Junge Frau, habe ich heute morgen zu mir selber gesagt, so geht es nicht weiter.

Und mit diesem Vorsatz, wenn auch nicht im Herzen, begebe ich mich ins Theater. Dort weiss ich einen, der nicht abgeneigt wäre, mich zu begleiten. Einer von den Begabten.

Ich nähere mich ihm charmant und lade ihn ein, nach der Vorstellung mit mir zu speisen.

Was ist denn in Sie gefahren? fragt er.

Noch nichts, sage ich, und wundere mich über meinen bescheidenen Humor.

Wir speisten in einem piekfeinen Lokal. Ich sprach nicht viel.

Wir tranken Roten, und ich wirkte etwas abwesend, was Eindruck zu machen schien. Wahrscheinlich, dachte er, denkt sie an mich. Er irrte sich. Ich dachte nur an mich. Wer weiss, vielleicht kann mir der Herr vis-à-vis, der, scheint's, ein wenig schwitzt, auf die Sprünge helfen, den Ernst verjagen. Mir helfen.

Zahlen, ruft er streng, aber ich bin schneller und halte dem Oberkellner zwei Hundertmarkscheine hin, die er buckelnd nimmt und damit verschwindet. Mein Galan schnappt, das käme nicht in Frage und so weiter und so fort.

Im Auto fragt er: Zu mir oder zu Ihnen?

Zu mir, sage ich.

Kommt eigentlich Ihr Mann nie zu Besuch? fragt er.

Doch doch, sage ich, aber heute nicht.

Die Wohnung, in der ich logiere, findet er interessant.

Was ist denn daran interessant? frage ich und gehe ins Bett.

Sie machen mich wahnsinnig, sagt er.

Das freut mich, sage ich.

Und ich umarme ihn und nehme ihn zu mir, und wir sind uns zugetan.

Fremde Haut, die ich spüre, ein Mensch neben mir, der mich hält. Tut das nicht gut? Doch, doch, doch.

Er packt meinen Kopf, schaut mich an, schaut lange, ich schaue auch.

Da soll ein Mensch drauskommen, sagt er.

II

Ich habe unverhofft vier Tage frei. Unverhofft. Ein liederliches Wort. Eine Konstruktion. Un-ver-hofft?

Nachdem ich diese Nachricht vernommen habe, sitze ich stumm, ich halte den Telefonhörer noch immer in der Hand, obwohl das kurze Gespräch längst beendet ist.

Vier Tage frei, das bedeutet: Heute noch, *noch heute* werde ich ihn wiedersehen.

Ich bleibe ganz bewegungslos, aber das Herz klopft in den Ohren, in den Händen, im Hals, und jetzt fängt mein Körper langsam an zu arbeiten, wie eine Maschine, die nach langem Stillstand mühsam wieder angeworfen wird. Ich kann zu ihm. Nach diesen endlosen Monaten. Das ist stark.

Wie gern würde ich mich freuen, aber da ist wieder diese Angst. Wovor habe ich denn Angst? Ich weiss es nicht. Was – Gott verdamm' mich – ist mit mir? Während mein Körper arbeitet, wundert sich mein Gehirn. Ich schleppe mich sozusagen zum Flugplatz.

Von Frankfurt aus reise ich im Zug. Bis Basel. Aber bis dieser Zug abfährt, habe ich noch einen Aufenthalt von zwei Stunden zu bewältigen. Das ist vielleicht gut. Oder nicht gut? Ich weiss nichts. Ich treibe mich an den Kiosken herum, lese die grossen Fahrpläne, ich schlurfe schliesslich in das sogenannte Schnellrestaurant und setze mich gleich an einen der ersten Tische. Ich warte, ach so, man muss sich selbst bedienen, ich habe weder Hunger noch Durst. Ein alter Mechaniker fragt mich streng, indem er sich mir gegenüber auf einen Stuhl wirft:

Wie heisst die älteste Stadt Deutschlands? Na, wird's bald?

Ich sage: Kleinhüningen.

Er schreit: Trier.

Die drolligsten Fragen. Er zeigt mir eine Fotografie seiner vor vier Monaten verstorbenen Frau und weint jetzt.

Was wäre, denke ich, wenn ich mit ihm ginge? Vielleicht fände ich Ruhe. Und er auch. Überleben bei einem Rentner in einer Sozialwohnung bei Bier und Fernsehen. Nein, dieser Gedanke ist wahrscheinlich an den Haaren herbeigezogen. Ich schaue ihn an. Er ist alt und hässlich. Er schaut mich an. Ich bin alt und hässlich. Ich habe Angst, in vier Stunden wird er mich sehen müssen. Er ist schön. Er ist stark. Er ist strahlend. Er ist zweiundsechzig. Er ist jung. Ich bin achtunddreissig. Alt.

Ich sitze einem alten, fremden, halb betrunkenen Mann gegenüber, der weint, und mein Gesicht ist nass, die Tränen stehen Schlange hinter meinen Augen, ein Riesengedränge ist das, hinter diesen Augen, als ob Ausverkauf im KaDeWe wäre, langsam, langsam, jede kommt an die Reihe, und sie stürzen hervor, ich habe Angst vor dem Wiedersehen, ich habe Angst, weil ich spüre, dass er mich nicht brauchen kann. Der alte Mechaniker – woher weiss ich eigentlich, dass er Mechaniker ist? – weint, ich weine. Noch eine Stunde bis zur Abfahrt. Noch 55 Minuten. Die Uhr ist ja gross genug an der Wand. Der

Alte steht plötzlich auf und sagt: Woine Se net, des nitzt nix.

Ich sage: Sie weinen ja auch.

Er schlurft weg.

Da hocke ich nun mit mir und beginne, beginne wiederum, mir einreden zu wollen, dass ich – nom de Dieu, Herrgottdonnerwetter – stark sein muss. Stark, Frau. Ich gehe mir ja selbst an den Kragen, wenn diese Angst und dieses Würgen und diese Sehnsucht – wenn das alles kein Ende nimmt.

Ich haue mit der Faust auf den dreckigen Tisch und gehe.

Jetzt heisst es lachen, wach sein, seelenlos, robust. Normal. Hahaha. Das wäre doch seltsam, wenn es mir nicht gelänge, ein bisschen frech in Basel aus dem Zug zu steigen!

Noch drei viertel Stunden, dann fährt der Zug ab mit mir. Soll ich nicht doch etwas essen? Also gut. Ein paar Frankfurter, wenn ich schon in Frankfurt bin. Aber sie schmecken wie Packpapier. Nach nichts. Ich kaufe nun noch eine mittlere Stange Marzipan und den *Stern*. Na, dann gehen wir einmal langsam zum Bahnsteig. Welche Nummer? Zurück zum Fahrplanständer. Basel, Basel, Moment, ah, da. Bahnsteig 6. Was stehe ich noch da? Ich weiss es ja jetzt. Bahnsteig 6. Es geht wieder los, ich weiss es. Es geht wieder los, ich will nicht zum Bahnsteig 6, ich werde verrückt, da spitzt sich etwas zu, ich weiss es, aber ich muss, er wird am Bahnhof sein, hat er gesagt, er freut sich – mein Gesicht ist schon wieder nass, er braucht mich nicht, aus Frankfurt wird eine Zentnerlast auf ihn zurollen, ich kann mir nicht mehr helfen.

Aber ich steige ein. Setze mich auf die linke Seite, denn je südlicher ich komme, je genauer kenne ich die Landschaft. Ab Müllheim jeden Baum. Ich hänge in einem Nichtraucherabteil, damit ich nicht nach Rauch stinke, wenn ich ankomme. Jetzt fährt der Zug. So, dann will ich mal den *Stern* anschauen. Aha. Leserbriefe, Witze. Nein, das geht nicht, ich schliesse die Augen. Damit sie schön blank und ausgeruht sind, wenn ich ankomme.

Zwischen Müllheim und Eimeldingen befinde ich mich auf dem Abort. Ich will mich schönmachen. Mit einem Kamm fahre ich mir durch die dünnen Haare. Den Bäckchen helfe ich auch etwas nach.

Bin ich jetzt nett?

Der Zug rast ihm entgegen. Noch drei Minuten oder fünf? Haltingen, Weil, jetzt die breiten Gleisanlagen vom Badischen Bahnhof, er sieht den Zug schon, ich weiss es, was geht in seinem Kopf vor? Er kann mir nicht entkommen, er kann nicht mehr weg, er muss dastehen, ich hasse mich, ich hasse mich, dieser Zug bringt ihm einen Körper, der Körper ist in diesem Zug, die Last rollt auf ihn zu. Was bleibt ihm übrig, als dazustehen? Der Arme.

Und ich komme an, es ist der 10. November, und sehe ihn auf dem Bahnsteig stehen, aber er ist nicht allein, warum hat er jemanden mitgebracht? Warum weiss er nicht, dass das nicht gut ist? Warum diese Störung? Eine Nachbarin. Was hat sie unsere Begrüssung zu stören?

Ruhe jetzt, Fenster runter. Steht der Zug schon lange?
Sie kommen und winken, er hat mich gesehen, er lacht, warum ist die Nachbarin dabei? Ich verstehe das nicht. Drei Monate. Bern–Basel–Berlin–Moskau steht an dem Zug, ich kann nicht lachen, doch, ein bisschen, gib mir den Koffer, lass dich umarmen, wo bin ich, ist das er? Drei Monate, jetzt bin ich wieder da, Augen zu, ja, er ist es, er steht da, ich höre ihn, ich kann ihn ja anfassen. Ganz ruhig jetzt, normal bleiben, nichts fragen, ja, ja, einsteigen ins Auto, nein, in Berlin ist das Wetter nicht so schön, ja, in Frankfurt hatte ich Aufenthalt, ja, nur vier Tage kann ich bleiben, ja, zu schade.

Wir fahren hinaus aufs Land, wir haben ein Haus im Elsass nicht weit von Basel, wir haben es seit vielen Jahren. Mitten in den Wiesen, der Wald ist nicht weit.

So, Süsse, jetzt sind wir endlich allein, du wirst sehen, wie dir das guttut nach Berlin.

Wir biegen ab von der grossen Strasse und fahren den Feldweg hinauf, ich bin wieder zu Hause, ich bin tausend Jahre fort gewesen, ich sitze neben ihm, er hält meine Hand, er ist bei mir, ich bin bei ihm, ich spüre ihn, ich höre ihn, seine Berliner Sprache im Elsass, ich lehne mich zurück und schliesse die Augen, ich drücke seine Hand. Ach, meine Süsse, wie gut, dass du da bist, wir kommen an, ich kann nicht sprechen, ich umarme ihn stumm und lange, er hält mich fest, er nimmt meinen Kopf in seine Hände und sagt: Hast wohl Heimweh gehabt, wa? Er tätschelt mir die Wange und lacht.

Er öffnet die Haustür, die Stube sieht schön aus in diesem Abendlicht, ich stehe vor dem grossen Tisch. Da ist sein Schachbrett, da sind seine Schriften und Briefe und Bücher, seine Dinge. Ich höre ihn die Kellertür öffnen und hinuntersteigen. Jetzt kommt der Begrüssungstrunk, Süsse, ruft er fröhlich, und er eilt herum, holt Gläser, öffnet die Flasche, vor dem Fenster erscheinen zwei Katzen, siehst du, die wissen, dass du gekommen bist. Ich öffne das Fenster und lasse sie herein. Er giesst den Wein ein, und ich trinke und denke an den Versuch, in Berlin allein Wein zu trinken, an meine Sehnsucht, und jetzt, jetzt bin ich bei ihm. Die Katzen streichen um uns, das Haus ist schön und frisch geputzt, ich gehe durch die Räume. Da ist mein blaues Zimmer, der blaue Teppich, die blauen Wände, meine Dinge.

Warum habe ich auch hier Sehnsucht? Halt, halt, halt, nicht zurückfallen, nicht, nicht, nicht, er ist ja da, er sitzt vor mir, und ich bin nicht mehr allein, aber was ist denn? Was ist hier im Zimmer? Ist da noch jemand? Nein, es sind die Katzen. Halt. Wer klopft? Ist jemand da? Da kommt etwas auf mich zu. Da ist jemand, und ich habe Angst, und ich will fliehen, aber ich sitze und trinke Wein und weiss, dass mich jemand erwürgt.

Ich kann nicht mehr zurück nach Berlin, eine Hundertstelsekunde dieser Gedanke.

Er ist hinaufgegangen und ruft: Jetzt eine schöne Begrüssungsmusik, und das Flötenkonzert von Vivaldi ertönt, ich stehe im Zimmer. Ich lebe, ich höre, ich sehe, ich rieche, und ich sehe meine Briefe überall liegen, diese vielen Briefe aus Berlin. Ich will sie ins Feuer werfen, ich will nicht erinnert werden. Alles fort! Und ich sammle diese Briefe ein, und – ist das nicht wie in einem Roman – da liegt ein Brief von einem Fräulein, das sich für seine Liebe bedankt und darauf wartet, dass ich bald wieder fortgehe.

Und ich falle viele Millionen Kilometer, ich falle, und mein Kopf schlägt an die Steine, die aus dem Himmel stürzen, ich falle Jahre, und meine Haare gefrieren, meine Füsse wollen die Mauern wegdrücken, sie stemmen das Haus. Aus dem Wald galoppiert der goldene Hirsch aus dem Schöneberger Stadtpark auf mich zu, das Haus liegt auf mir, ich sehe seine Hände, die einen Mädchenkopf halten, an den Fenstern läuft Gewürztraminer hinab, ich sehe einen leeren Briefkasten voller Briefe, ich falle, und im Fall weiss ich, dass ich sterben muss.

Ich liege auf einem Bett, sein Gesicht über mir, und ich liebe ihn. Ich bin eine Kreatur, ein geschlagener Hund, der an einer rostigen, schweren Kette angebunden ist und im Dreck liegt. Ich sehe in dieses Gesicht, ich sauge es aus, und ich weiss, dass ich ihm nicht davonkomme.

Er erzählt, er spricht, er erklärt, er tröstet, er beruhigt.
    Wieder diese Anstrengungen für mich, ich hasse mich. Nicht ihn.
    Ich muss ihn befreien von mir.

Bin ich in Berlin? Nein, ich bin wieder zu Hause. Schweiz oder Elsass, ich lebe an beiden Orten.
    Im Augenblick sitze ich in Basel in einer Wohnung auf einem Stuhl. Ich sitze und sitze, ich denke und frage. Ich weiss mir nicht zu helfen. Ich warte, aber ich hoffe nichts.
    Warum scheue ich den Umgang mit Glücklichen? Warum vertrage ich eher Unglückliche? Die Flotten, die Ungezwungenen, die Sicheren, die Satten, die Lauten scheue ich. Ich will nicht gelobt werden. Nicht bewundert.
    Habe ich den richtigen Beruf? Ich bin Schauspielerin.
    Du hast einen Hang zum Tragischen, hat er schon viermal zu mir gesagt. Das ist nicht wahr. Ich habe einen Hang zum Glück. Ich möchte immer glücklich sein, ich möchte immer lieben, und ich möchte immer geliebt werden.

Ich stelle mir die Abende, die Morgen vor, und diese Bilder werden bis an mein Lebensende nicht mehr verschwinden.

Wie er sie erwartet auf dem Bahnsteig, wie sie ihm entgegenkommt, wie sie zum Auto gehen, einsteigen und hinausfahren nach Leymen. Hinter dem Haus steigen sie aus, gehen durch den Schopf an Scheune und Stall entlang ins Haus. Sie wird in mein blaues Zimmer gehen und dort ihre Reisetasche abstellen, dann ins Bad.

Er hat inzwischen die erste Flasche Wein geöffnet, sie geht zurück in die Stube. Es wird angestossen und getrunken, die ersten Schmusereien beginnen, man fährt nach Hagenthal einkaufen für das Wochenende. Zurück im Haus, wird das Abendessen vorbereitet, sie bewegt sich frei im Haus, schnüffelt wahrscheinlich in meinen Sachen herum, er rennt hin und her, deckt den Tisch, brät Fleisch und macht die Salatsauce, dann wird gegessen und getrunken, man geht hinauf und hört Musik. Gulda, Beethoven, man raucht und spricht, und dann spricht man davon, langsam ins Bett zu gehen. Sie geht als erste, er löscht die Lichter und wäscht und parfümiert sich.

Und dann betritt sie mein Zimmer und legt sich in mein Bett, und er legt sich dazu, und die Erde tut sich nicht auf, und der Himmel stürzt nicht ein, der Verrat findet statt in der grossen Stille der Einsamkeit, die Katzen schlafen in der Küche, die Weide bewegt ihre Blätter im Wind, der Holunder schaut zum Fenster herein und schweigt, die Möbel im Zimmer schweigen, die Wände schweigen, der Engel neben dem Wecker schweigt, meine Bücher sehen zu und schweigen.

Nie wieder in meinem Leben betrete ich dieses Haus.

In der Zeit ihrer Anwesenheit fand mein Mord statt. Nein, nicht sie, er, er, mein einziger Mensch hat mich verraten. Bis an mein Lebensende werden mich diese Bilder begleiten.

III

Wieder in Berlin.

Er ist bei mir, und alles scheint gut, er ist liebenswürdig mit mir, aber es ist alles zu Ende. Heute gehe ich mir ans Leben.

Ich beginne den Tag so leicht und ruhig wie seit langer Zeit nicht. Ich hüpfe aus dem Bett, das er mit mir teilt, keine Träne, kein Abschied, keine Schwere, nichts belastet mich. Ich bin frei. Und er wird morgen frei sein.

Lauter gute Dinge kommen auf uns zu.

Ich bin froh für ihn. Endlich kann ich ihm wieder einmal eine Freude machen. Das einzige, was mich – aber nur leicht – belastet, ist der Gedanke an den berühmten Telefonanruf, der natürlich kommen wird und durch den er von meinem Tod erfahren wird. Das wird ihn traurig machen, ich weiss das, für eine kleine Zeit wird er traurig sein, das kann ich nicht verhindern. Ich habe lange darüber nachgedacht, es gibt keinen anderen Weg, erfahren wird er es müssen. Wie gern würde ich das umgehen, aber wie? Er ist vor dem Gesetz mein Ehemann, und ihn wird man benachrichtigen. Merde!

Ich möchte so leidenschaftlich gern, ohne andere belasten zu müssen, verschwinden.

Aber es geht nicht.

Also: Was muss ich jetzt tun?

Ich hole frische Brötchen im Laden unten und bereite ein schönes Frühstück. Er liegt noch im Bett und liest, bemerkt nicht meine Ausgeglichenheit. Ich frage, ob er Lust zum Frühstücken habe – ja, ich komme gleich –, wir trinken und essen, das Gespräch ist das eines Paares, das seit zwanzig Jahren zusammenlebt. Und das alles hat bald ein Ende.

Ich erkläre ihm, dass ich schnell ins Theater gehen werde, um meine Gage abzuholen, und dass ich einiges einkaufen müsse.

Das tue ich auch.

Ich fahre nach dem Frühstück ins Theater und hole mein Geld. Es sind etwas über viertausend Mark.

Genug, um die unvermeidlichen kommenden Umtriebe zu bezahlen.

Jetzt fahre ich mit einem Taxi zu jenem Arzt, den ich vor Wochen zwei- oder dreimal wegen einer Bronchitis aufgesucht habe. Ein liebenswürdiger Mann, Theatergänger. Ich hatte jeweils nette Gespräche mit ihm, wenn ich in seiner Sprechstunde war. Dieser Mann wird mir helfen, ich weiss es.

Ich setze mich ins Wartezimmer, und zum erstenmal empfinde ich diesen kleinen Hauch von Glück, der mich an diesem Tag immer öfter streifen wird. Ich weiss, dass mit einem Schlag das alles bald zu Ende sein wird. Ich werde nicht mehr in einem Wartezimmer warten müssen, auch bei keinem Zahnarzt, das sogenannte Jammertal wird jetzt verlassen.

Der Arzt empfängt mich freundlich. Ich erzähle ihm kurz von einer kleinen Schweizreise, Luftveränderung, Klimawechsel – kurz: Ich könne in diesem Berlin nicht schlafen. Viel Arbeit und kein Schlaf. So könne ich nicht leben, ich bitte um ein starkes Schlafmittel. Merkt er was? Nein, nein. Auch er spüre nach einer Reise jeweils den Wechsel et cetera. Rezeptblock, Kugelschreiber. Er schreibt etwas auf, ich kann es nicht lesen, freundliche Verabschiedung – ab in die nächste Apotheke. Zwanzig, das kann ich lesen. Zwanzig Tabletten. Das reicht natürlich nirgends hin.

Ich betrete eine kleine Apotheke, Uhland-, Ecke ... ja, wie hiess jetzt diese Strasse?

Und das Glück streift mich wieder.

Vor mir am Ladentisch eine alte, kleine Frau, sie wird bedient von einer strengen Apothekerhelferin, die endlos lange Schubladen aus Medikamentenschränken herauszieht, mit den Fingern zwischen Registern herumstochert, dann die Schubladen wütend wieder zurückwirft. Ich habe Zeit, diesen Humbug zu beobachten. Ich stelle mich neben die alte Frau und sehe vor ihr drei, vier Pakkungen Medikamente liegen – auch, das lese ich erregt, Schlaftabletten. Und da die alte Frau ihren Kopf zur Seite gewendet hat, um ein Reklameschild anzusehen, greife ich in Sekundenschnelle nach diesen Schlaftabletten und lasse sie in meine Tasche verschwinden. Niemand hat das bemerkt. Ich bleibe ruhig stehen und beobachte, was sich hier abspielt. Aber ich erzähle es nicht. Die kleine Verwirrung, die entstand, tut nichts zur Sache.

Um mich nicht in Verdacht zu bringen, zeige ich mein Rezept nicht vor, sondern kaufe ein Fläschchen Hustensaft und gehe in die nächste Apotheke. Dort erhalte ich die Tabletten. Nun habe ich also vierzig Schlaftabletten.

Ich betrete ein Spirituosengeschäft und kaufe 70%igen Rum. Zu Hause habe ich noch eine grosse Packung Saridon. Sechzig Tabletten, dazu den Rum. Das sollte reichen. Sicher bin ich nicht, sekundenschnell ergreift mich Angst, Angst vor möglichen Nichtwirkungen. Ich weiss nichts von Giften, von Medizin, von Wirkungen, ich weiss nicht, was sich in einem Magen abspielt oder im Blut. Wieviel Gift braucht der Körper, um aufzuhören zu leben?

Ertränken, erhängen, hinabstürzen – das alles kann ich nicht. Ich scheue den physischen Schmerz, ich habe Angst davor. Mir bleibt nur Gift.

Ich kehre zurück zu ihm. Keine Gefühle stören mich mehr, keine Freundlichkeit, keine Unfreundlichkeit erreicht mich mehr, die Verbindung ist bereits abgerissen. Er könnte mich schlagen, er könnte mich heftig umarmen, meine Reaktion wäre dieselbe.

Er fragt, ob ich eine Zeitung mitgebracht hätte. Ja. Ich habe drei Zeitungen gekauft. Er wird viel zu lesen haben.

Ich sage ihm, dass am Nachmittag eine Umbesetzungsprobe stattfände, ich müsse ins Theater. Leider müsse das ganze Stück durchgespielt werden, es würde also spät werden. Ich wasche das Geschirr ab, ordne meinen Krempel, damit er später möglichst wenig damit zu tun hat. Das Geld stecke ich in seine Manteltasche.

Ich brauche nur eine Plastiktüte. In diese packe ich ein Nachthemd, den Rum und die Tabletten. Nun habe ich nichts mehr zu tun.

Ich setze mich neben ihn auf das grosse grüne Sofa. Er liest eine Zeitung, ich nehme eine andere Zeitung. Wir sitzen nebeneinander und lesen Zeitung. In mir ist Ordnung und Stille. Mein Blick fällt auf die Plastiktüte. Ich nicke ihr zu. Ich lese weiter in der Zeitung. Es ist noch zu früh, um zu gehen.

Ich stehe auf und gehe ins Badezimmer. Die Plastiktüte nehme ich mit. Ich will noch baden. Ich wasche auch meine Haare.

Eine Stunde später verlasse ich mit der Plastiktüte die Wohnung.

Und eine grosse Scham ist in mir.

Ich komme mir vor wie eine kleine dreckige Verräterin. Auf der Treppe spucke ich vor mir aus. Die Scham. Die Scham. Ich lasse einen ahnungslosen Menschen zurück auf dem Weg zum Sterben.

Ich fahre mit der U-Bahn zum Adenauerplatz. Warum, weiss ich nicht, dort steige ich die Treppe hoch und stehe nun da. Wo soll ich hin? Ich weiss es nicht.

Ich erschrecke. Mir wird bewusst, dass ich nicht weiss, wo ich mich hinlegen werde. Soll ich in ein Hotel? In ein Gebüsch? Es ist Dezember. Die Kälte könnte mir helfen: Aber ich gehe den Kurfürstendamm hinauf, bleibe stehen an einer Schmuckauslage, schaue hinüber auf die andere Strassenseite, schaue zurück Richtung Adenauerplatz, gehe weiter und biege ab.

Ohne Übergang, ohne Gedanken, ohne Überlegung betrete ich das Hotel Kempinski. Ich frage in Schweizerhochdeutscher Sprache nach einem Einzelzimmer.

Wie lange möchten Sie bei uns wohnen, gnädige Frau?

Gnädige Frau ...? Nein, ich bin nicht gnädig.

Fünf Tage, sage ich.

Darf ich Sie bitten, das Anmeldeformular auszufüllen.

Bitte.

Und ich schreibe meinen vollen Namen wahrheitsgetreu, auch Geburtsdatum und Heimatadresse.

Vergessen Sie bitte nicht die Nummer Ihres Reisepasses.

Nein, nein. Ich öffne meine Handtasche und lege meinen Pass geöffnet auf den Tisch.

Warum habe ich das getan?

Die Plastiktüte steht zwischen meinen Füssen.

Ihr Gepäck wird nach oben gebracht.

Ich habe kein Gepäck. Mein Koffer flog aus Versehen nach Hamburg.

Ja, ja, das kommt vor – das Flugpersonal ist überlastet und so weiter und so weiter.

Ein Hoteldiener bringt mich im Lift in den 4. Stock, öffnet die Zimmertür und wünscht guten Tag.

Ich schliesse das Zimmer ab und ziehe mich sofort aus. Ich ziehe das Nachthemd an und nehme die Haarspangen aus meinem Haar. Das Badezimmer benutze ich nicht.

Ich stelle die Rumflasche auf den Tisch, lege die drei Tablettenpackungen daneben.

Ich hole aus dem Badezimmer ein Zahnglas.

Ich öffne alle drei Tablettenpackungen und werfe die sechzig Tabletten in das Glas. Im Badezimmer fülle ich das Glas halbvoll mit Wasser. Ich setze mich an den Schreibtisch und rühre mit einem umgekehrten Kugelschreiber so lange, bis sich alle Tabletten aufgelöst haben.

Ich schlage die Bettdecke zurück, stelle den Rum auf den Nachttisch. Ich trinke in einem Zug das Glas leer, lege mich sofort ins Bett. Ich öffne die Rumflasche und trinke etwa fünf grosse Schlucke, stelle die Flasche zurück auf den Nachttisch und lege mich gerade auf den Rücken, decke mich zu. Die Hände lege ich auf die Bettdecke und schliesse die Augen.

Sie fanden mich. Ich muss weiterleben.

Das ist das Ende.

Eine Erinnerung an meine Freundin Hilde Ziegler

Von Christa Moog

Der Feldweg führte steil hinab, man konnte auf dem Schotter, den Steinen ins Rutschen kommen, in Abständen waren Kanäle, Tonröhren quer von einer Seite zur anderen gelegt, damit das Gebirgswasser abfliessen konnte. Die Berge schoben sich blau, wie aus Samt, vor- und hintereinander, und es kam mir vor, als ob ich auf sie zu-, in sie hineinlaufen würde.

Ich erinnerte mich daran, wie wir bei unserem ersten Besuch in Leymen im Frühling 1990 gemeinsam die Betten bezogen und sie dabei Nestroys Verse vom »Zerrissenen« rezitierte. Die ich bis dahin nicht kannte, aber so grossartig fand, dass ich sie auf der Stelle auswendig lernen wollte. Klangen sie doch ganz einfach, wie nur so dahergeplaudert, und beschrieben dabei einen Zustand von grosser Tragik; sprachen sie doch auf geniale Weise von der Exklusivität ihres Helden auf der einen Seite und auf der anderen von seiner inneren Not. Die Reime waren perfekt, und die Laken stammten tatsächlich aus Wiens berühmtestem Wäschegeschäft »Gunkel«. Hilde setzte Nestroys Wirkung auf der Bühne der von Shakespeare gleich, und später habe ich die Zeilen, die sich anschlossen und mich nie wieder losliessen, gelesen:

Mein Gemüt ist zerrissen, da ist alles zerstückt
Und ein zerrissenes Gemüt wird einem nirgends geflickt ...

Es war Sommer, aber ich stellte mir vor, dass Schnee lag, so viel Schnee, wie es ihn selbst hier in der Gegend nur selten gab, Schnee, dass die Räumfahrzeuge nicht nachkamen, es täglich Meldungen über Lawinenopfer gab, eine Katastrophe, eine Invasion, ein Wunder an Schnee. Ein Traumtag, wurde später erzählt, weil zu der weissen Landschaft die Sonne kam, und ich stellte mir vor, wie sie nach einem Wortwechsel, mitten im Gespräch, vom Frühstückstisch aus mit grosser Entschlossenheit aufgebrochen war, ohne Gruss. Wie sie an jenem Morgen des 9. Februar 1999 alles, was sie liebte und was zu ihr gehörte, zurückliess, um sich in den Bergen des Jura das Leben zu nehmen.

Ich sah ihr Gesicht, hörte, wie sie einmal zu mir gesagt hatte, was für ein süsser Tod Schnee in Verbindung mit Tabletten und Alkohol sei, mit Schnee, der an Märchen, die Kindheit erinnert. Es war in Weimar, wo wir zum Geburtstag meiner Freundin Alena Fürnberg verabredet waren und sie im Garten die Idee hatte, dass zuerst ich hineingehen und so tun sollte, als ob ich allein wäre, und kurz darauf würde sie klingeln, staunen, dass – was für ein Zufall – ich ebenfalls da wäre, obwohl sie mit *mir* hier keinesfalls gerechnet hatte und mich umarmte, als hätte sie mich seit Ewigkeiten nicht gesehen. Sie spielte perfekt, und der Clou gelang; im Inszenieren von Überraschungen war sie Spezialistin, und vielleicht hat sie ja immer – auch wenn es niemand merkte oder auch nur für möglich hielt – ein bisschen Theater gespielt. Während wir den Ablauf der Szene besprachen, erzählte sie, dass sie in den Wochen zuvor in Verbier, wo sie im Haus ihrer Freundin Marthe Keller wohnte, Tag für Tag mit den tödlichen Tabletten in der Manteltasche herumgeirrt sei.

Der Selbstmord meiner Mutter liess sie nicht los. Sie tröstete mich damit, dass meine Mutter nun von ihren Qualen erlöst sei, Ruhe habe und schlafen würde, was sie nie in ihrem Leben konnte, erst jetzt. »Ich stelle mir ununterbochen ihren letzten Gang vor«, schrieb sie mir, »es ist ein ununterbrochenes Wiederholen in meinem Kopf, immer vor und zurück: Fahrkartenschalter in Eisenach, Bahnsteig, einsteigen.« Sie schrieb, dass diese Gedanken sie nicht mehr verlassen würden und sie immerzu an *diese Fahrt »dorthin«* denke und sich frage, ob der Fahrkartenverkäufer der letzte Mensch war, mit dem meine Mutter in ihrem Leben gesprochen hatte.

In ihren Briefen an mich schilderte sie mehrmals, wie sie nach einem Gespräch beim Frühstück bereits »hinten im Schopf einen Strick suchte«, sich »aus dem Fenster stürzen« wollte, aber immer sei etwas dazwischengekommen. Einmal beschrieb sie, wie sie nach einem Streit voller Todesgedanken in Stiefeln und einem langen Mantel, mit einer Wolldecke auf dem Kopf, durch den Schnee gestapft war und ihr Ehemann Adolph Spalinger ihr aus dem Fenster heraus ein Kompliment zurief und sie –

abgeschnitten durch den Schnee von der ganzen Welt – wieder miteinander gelacht hatten. »... Also du siehst, hier ist immer etwas los, es geht immer auf Tod und Leben ... Immer auf des Messers Schneide. Viel Glück, viele Tränen, viel Verzweiflung, viel Liebe.« Das letzte Wort im Brief war »Hurra«.

Unzählige Male las ich den Brief, den sie am Morgen des 9. Februar 1999, ihrem Todestag, an Lotte Fürnberg geschrieben hatte. In dem sie schilderte, dass es nicht aufhörte zu schneien, es aber genug Reserven im Haus gebe, dass niemand verhungern müsse, denn Autofahren sei wegen der Schneemassen unmöglich. In dem sie sehr konkrete Reisepläne machte – »Am Samstag reise ich nach Prag, ich bin so glücklich« – und sogar die Adresse angab, unter der sie bei Freunden erreichbar wäre. Und ich fragte mich, ob sie tatsächlich verreisen wollte und dann etwas passiert war, etwas, das sie in jenen Zustand versetzte, in dem ihr der Selbstmord als einziger Ausweg erschien.

Der Bach war eher ein Rinnsal, aber wegen der Stille konnte man ihn hören. Es war Juni, die Wegränder waren gemäht. Oft waren wir hier mit den Hunden der Nachbarn spazierengegangen, und einmal hatte sie den Kindern für sämtliche Blumen, die sie gepflückt hatten, Namen erzählt, die ausnahmslos ihre eigene Erfindung waren: *der gemeine Frauenhandschuh, der gezackte Goldbecher, das gefiederte Pfauenrad ...*

Wie sie schwärmen konnte! Über ein Stück Brot (»Ein Traum, ein einziger Traum ...«), den ersten Schluck Kaffee am Morgen. »Ich könnte auf die Knie fallen«, sagte sie oft beim Anblick eines Vogels, einer Landschaft, über das Wunder der Jahreszeiten. Woraufhin Adolph Spalinger nicht ohne Zuneigung zu bemerken pflegte: »Jetzt dreht sie wieder durch, die Kleene ...«

Und doch, beinahe gleichzeitig, waren da immer wieder Phasen, in denen es nichts mehr für sie zu geben schien, wofür es sich zu leben lohnte. Ihr Blick auf die Dinge und die Welt war aufgrund der jeweiligen Stimmungslage, in der sie sich befand, völlig verändert. Einmal sah sie in einer toten Maus, die die Katze brachte, ein »Geschenk«, ein anderes Mal »die Natur, die grausige, mörderische«.

Wieder und wieder stellte ich mir die Frage, ob jener Wechsel ihres Gemütszustandes während des Gesprächs beim Frühstück eingetreten war oder ob sie die Situation – egal, wie alles verlief oder verlaufen wäre – benutzt hatte, um ihren Plan endlich durchführen zu können. Wollte sie an diesem Tag nach Prag reisen? Oder wollte sie sterben? Oder wollte sie beides und hatte sich das, was sie schliesslich tat, nicht aussuchen können?

Wenn sie in ihrer wunderbaren Art schrieb: »Ich wollte mir das Leben nehmen, es war genau wie in einem Groschenroman ...«, konnten wir da etwas ahnen? Wenn sie in den Briefen über ihre Verzweiflung schrieb, hatte sie diese jeweils bereits überwunden und die Kraft, dank ihrer Begabung eine Geschichte daraus zu machen. Und so war es oft schwer, den Ernst der Lage zum richtigen Zeitpunkt zu begreifen, und später machten wir uns Vorwürfe, nicht gewusst zu haben, wie alles in Wirklichkeit für sie war, und nicht zum richtigen Zeitpunkt geholfen zu haben.

Die Strasse, schmal, asphaltiert, führte steil hinauf. Es war sicher, dass sie sie genommen hatte. Jemand hatte sie dort an jenem Morgen gesehen.

Stimmte es, dass die Monate ab Juni 1995, als die Ärzte Krebs diagnostizierten, die einzigen waren, in denen sie um jeden Preis leben wollte? »Im Gehirn bin ich voller Kraft«, schrieb sie. »Es schwebt kein Todesengel über mir ...« Trotz Operation, Chemotherapie, Bestrahlungen hatte sie nie geklagt, sondern in den Briefen eher liebevoll die Ärzte und Krankenschwestern beschrieben, ihre Bettnachbarin im Zimmer. Dass sie im Zusammenhang mit der Behandlung viel Neues kennenlerne und die Kopftücher ihr stünden. Als hätte diese Krankheit, der sie mit Macht den Kampf angesagt hatte, alles seelische Leiden vertrieben.

Leymen, das wir immer als Postanschrift auf die Briefe schrieben.

Sie wohnte oben auf dem Berg und wusste viel über das Leben im Ort. Die Leute hier kannten sie, ihre Bücher, Filme, Kolumnen.

Das Ortsschild mit der Bitte an die Autofahrer, langsam zu fahren. Die ersten Fachwerkhäuser, Blumenkästen mit roten Geranien, das Rathaus, die Schule, der Kirchturm, und wie wir von ihrem Haus aus immer hier hinunterblickten!

Rue de la Gare, rue de l'Eglise, rue de la Fontaine. Der Gasthof von Madame Bertelé, wo wir so viele Male gegessen, gefeiert hatten, sah mit ungeputzten Fenstern unbewohnt aus, schien – wie ein Sinnbild – seit langem geschlossen.

Wie wir hier einmal Arm in Arm durch die Strassen gegangen waren und sie über jeden Laden und jeden, den wir trafen (»aber dreh dich bitte nicht um, nicht so auffällig ...«), eine Geschichte erzählte. Die von den beiden Schwestern vom Couronne d'Or, die so schön waren, dass der Tramfahrer das Bähnchen nicht mehr lenken konnte, wenn er sie sah, so hatten sie ihm den Kopf verdreht. Die Geschichte von der Frau, die ihr Lebtag mit dem Sohn in einem Bett schlief; die von dem Mann, der jahrelang den Berg heraufkam, um die Sickergrube zu leeren; die vom Amerikaner Gregory, der mit einem Koffer voller Bücher und dem Manuskript eines Theaterstücks, das er später verlor, nach Europa gekommen war, um als Schriftsteller eine bescheidene Erbschaft zu verleben, und jahrelang hinter einem Kellerfenster im Gasthof von Madame Bertelé sass. Hilde unterstützte ihn finanziell, wie sie überhaupt ein Herz für die Gestrandeten und Gescheiterten hatte. Sie schickte ihm später regelmässig

Geld nach New York, und mehrmals zeigte sie mir seine Briefe, zehn und noch mehr Bögen, eng auf englisch beschrieben.

Wenn Taxifahrer und Schaffner, Nachtportiers und Kellner erzählten, hörte sie zu. Sie brachte die Leute zum Reden: »Man muss die Geschichten nur aus ihnen herauslocken ...« Sie gehörte zu den Menschen, die bloss bis zum Gartentor, zur Mülltonne zu gehen brauchen und mit einer Geschichte wiederkommen. Und was für einer! Und wie sie sie erzählte! Sie inszenierte genau, war sich dabei ihrer Wirkung bewusst, und immer waren die Pointen, die Pausen perfekt, genau an den richtigen Stellen gesetzt.

Aber manchmal, zwischendurch, war es auch, als ob sie – ganz und gar abwesend – nur in sich selbst hineinhorchen, in ihrer eigenen Welt leben würde, in der sie uns nicht wahrnahm und in die nichts von aussen hineindrang. Und kurz danach tauchte sie wieder auf, lachte und plauderte, als sei nichts gewesen.

Die Tram kam mit grosser Geschwindigkeit den Berg herunter, man musste an der richtigen Stelle stehen, denn die Türen öffneten sich nur kurz, schlossen von selbst, und dann ging es, rechts und links Obstbäume, Gärten, hinunter nach Flüh.

In Schweden – wir gingen in einem dieser Fischerorte in Schonen den Hafen entlang – erzählte sie mir einmal den

Roman *Mysterien* von Knut Hamsun. In dem ein junger Mann, ähnlich wie Gregory, mit einer Reisetasche in eine Stadt nicht viel grösser als diese kam, vom Schiff herunter auf das Zentrum zulief, von Anfang an eine kleine Flasche mit Gift in der Manteltasche. Sich in einem Hotel einmietete, ein paar Monate blieb und jeden Tag so lebte, als ob es der letzte wäre. Er verliebte sich, die Liebe war das einzige, das seinem Leben Sinn zu geben schien, hatte aber kein Glück. Er brachte sein Geld durch, lud die Leute in den Wirtshäusern ein. Er ging offen auf die Menschen zu, verwickelte sie, egal ob Knecht oder Bürgermeister, in ein Gespräch. Er erlebte den Sommer, die Natur, aber am Ende konnte er dem »Ruf des Todes« nicht widerstehen, lief hinunter ans Meer und brachte sich um.

Hilde erzählte, dass sie das Buch mit sechzehn, siebzehn Jahren in Weil mehrere Male gelesen habe und wie beeindruckt sie damals davon war. Von Hamsuns Verbindung zu den Nazis hatte sie erst später erfahren, und sie war und blieb ihr ein Rätsel.

Später erinnerte ich mich an den letzten Satz der Geschichte: »Ein paar Blasen stiegen auf ...« Hörte, wie sie ihn, als wir dort an den Booten entlanggingen, mehrmals wiederholte.

Auf diesem Ausflug schmiedeten wir Zukunftspläne: eine Villa in Weimar, die wir mieten oder kaufen würden, um eine Pension einzurichten, in der von morgens bis abends zu tun wäre: Betten machen, kochen, putzen und backen, kurz: jene Art körperlicher Arbeit, die – ohne dass man die Frage nach ihrem Sinn oder Unsinn überhaupt stellen durfte – getan werden *musste* und bei der uns das Grübeln vergehen würde ... In den Sommern in unserer Gastherberge in Schweden verschwand sie frühmorgens im Wäschekeller und kam noch vor dem Frühstück mit Stapeln von gebügelten Laken und Tischtüchern nach oben – obwohl sie noch immer von der Krebsoperation, den Behandlungen geschwächt war. Sie liebte es, die Gäste zu bedienen. Vor allem Mütter mit Kindern, die, wie sie sagte, auch einmal verwöhnt werden mussten. Und Liebespaare!

Sie liebte Liebesgeschichten, konnte nie genug davon hören. Immer wollte sie wissen, wie wir alle einander kennengelernt hatten, wollte, dass die, die einander liebten, auch zusammenblieben. Für uns, die wir die Dinge nie ernst genug nahmen, wollte sie – »Ich bin und bleibe eine alte Romantikerin« – zeit ihres Lebens Hochzeitsfeste bei sich ausrichten: mit langen, weiss gedeckten Tischen unter den hundert Jahre alten Bäumen, mit den Feuerwehrkapellen von Hagenthal und Leymen, und die Kinder, die zum Glück längst geboren waren, sollten die Blumen streuen. Einmal vertraute sie mir an, dass die Liebe das einzige sei, das sie am Leben halte, andererseits aber die Schmerzen, die sie durch die Liebe erlitten habe, die von Folterqualen überträfen. Ihrer Leidenschaft in bezug auf die Liebe stand ich ratlos gegenüber. Hier, wie überhaupt oft im Leben, war ihr Anspruch in meinen Augen utopisch.

Flüh. Eine Tram aus Basel kam an, eine andere fuhr ab. Leute warteten, redeten miteinander, die Fahrer rauchten. Der Bus nach Metzerlen stand bereit.

Grüezi, sagte der Busfahrer. Merci.

Die letzten Häuser von Flüh, ein Sägewerk, eine Lagerhalle. An den Strassenrändern Mohn. Dann ging es steil hinauf ins Gebirge. In Mariastein stiegen die anderen Fahrgäste aus.

War auch sie auf diesem letzten Abschnitt mit dem Fahrer allein?

In unserer Herberge in Schweden hatte sie einmal Hebels Anekdote »Unverhofftes Wiedersehen« für uns vorgetragen: als Gastgeschenk – eine ihrer vielen unverhofften Überraschungen. Wir sassen beim Abendessen, das Telefon war abgestellt, die Türen geschlossen. Sie sah uns der Reihe nach an, und man spürte, wie sehr ihr die Geschichte am Herzen lag. »In Falun in Schweden küsste vor guten fünfzig Jahren und mehr ein junger Bergmann seine junge hübsche Braut ...« Sie sprach den gesamten Text auswendig, und später bereuten wir, den Klang ihrer Stimme, den Zauber, der über dem Vortrag lag, nicht auf Tonband festgehalten zu haben. Was mich an Hebels Geschichten oft an Provinz- und Heimatliteratur erinnerte, alles Belehrende, jeder Hauch von Patriotismus war weggeblasen. Es war die Geschichte eines Liebespaares, das nach kurzem Glück durch einen tragischen Unfall voneinander getrennt wurde; bereits im ersten Absatz trat der Tod auf. Die Schwüre von Liebe und ewiger Treue wurden jäh durchbrochen, der Bräutigam verunglückte kurz vor der Hochzeit in einem Stollen, die Braut legte das Halstuch mit dem rotem Rand, das sie für ihn gesäumt hatte, zur Seite, »weinte um ihn und vergass ihn« – hier machte sie eine Pause – »nie«. Es folgte eine Aufzählung dessen, was in der Welt inzwischen passierte: das Erdbeben von Lissabon, der Siebenjährige Krieg, die Französische Revolution, der Tod von Kaisern und Königen – und sie trug das alles vor, als ob es sich um die Mühsale unseres Lebens handele, die sich bis ans Ende der Welt zu wiederholen schienen. Nach fünfzig Jahren fanden die Bergleute von Falun den mit Eisenvitriol durchdrungenen Körper des Verunglückten unversehrt, »als wenn er erst vor einer Stunde gestorben oder ein wenig eingeschlafen wäre ...« Er wurde aufgebahrt, aber es kannte ihn niemand mehr – bis die ehemalige Braut, grau und zusammengeschrumpft, an einer Krücke zu dem Platz kam, ihren Verlobten, um den sie ihr Leben lang getrauert hatte, erkannte und neben ihm niedersank.

Diese und keine andere Geschichte hatte sie für uns auswendig gelernt. Es gab jene merkwürdige Gegenüberstellung, beinahe Verkehrung von Leben und Tod. Das Leben machte altern, hatte ausser den Momenten von Liebe und wahrer Leidenschaft (die nur allzu vergänglich waren) eine nicht enden wollende Kette von Mühsalen, Sinnlosigkeiten aufzuweisen; verwelkt bis zur Unkenntlichkeit fanden wir die einst so hoffnungsvolle Braut am Ende wieder. Der Tod jedoch hatte dem Jüngling seine Jugend erhalten, unversehrt, schön, wie er damals gewesen war, schloss sie ihn in ihre Arme. Zur Beerdigung trug sie ihr Brautkleid, und jene Vermählung, die durch nichts mehr gestört werden konnte, fand im Grab, im gemeinsamen Sarg statt, der »zum kühlen Hochzeitsbett« wurde ...

Ich dachte daran, wie oft sie gesagt hatte, dass sie nicht sechzig werden, nicht den Beginn eines neuen Jahrtausends erleben wolle. Wenn sie sich in den Ferien in Schweden am Strand nicht auszog, um uns den Anblick ihres, wie sie sagte, alten Körpers zu ersparen, hielten wir es für Koketterie, weil sie für uns eine Schönheit war. Dass sie schon seit langem abends im Badezimmer kein Licht machte, um sich nicht mehr im Spiegel sehen zu müssen, konnte ich nie glauben.

Metzerlen. Die Station hiess »Post«, der Fahrer fragte, ob ich noch weiter wolle, aber ich dankte und stieg aus. Jemand hatte erzählt, sie habe Metzerlen gut gekannt, die Natur hier oben geliebt und früher oft einen Ausflug hierher gemacht. Das letzte Stück lief sie zu Fuss. Serpentinen, die Felshänge dunkel und voller Schatten. Selbst die Autos fuhren diese Steigung in Zeitlupe hinauf, und der Radrennfahrer, der mich nur langsam überholte, musste den niedrigsten aller Gänge eingelegt haben.

Ein gelichteter Vorplatz mit Buchenstämmen, die wahllos herumlagen. Zu Pflöcken gesetztes Brennholz, mit Metallbändern verschnürte Stapel von Festmetern. Das »Schützenhaus«, daneben Schilder mit der Aufschrift »Achtung, Wildschutz, Hunde bitte an der Leine führen«.

In einem Winter hatte sie einen Berberteppich für das neu ausgebaute Gästezimmer gekauft, weil ich dort »endlich« meinen Roman schreiben und dabei warme Füsse haben sollte. Einmal sahen wir uns dort Fotos an, die den toten Robert Walser im Schnee zeigten: in einem schwarzen Anzug, der Hut ein paar Meter entfernt, ausgestreckt auf dem Rücken, sogar seine Fussspuren im Schnee waren zu sehen. An der Stelle in Herisau auf dem Rosenberg hatte sie – Walser war einer ihrer Lieblingsdichter – einmal gestanden.

Ein anderer Schriftsteller, den sie über alles liebte, war Bohumil Hrabal, und als die Presse im Februar 1997 seinen angeblichen Unfalltod beim Taubenfüttern in einem Prager Krankenhaus meldete, rief sie mich voll Trauer an. Aber gleichzeitig empört darüber, dass die Öffentlichkeit im Begriff sei, die Tatsachen zu entstellen. Sie kannte Hrabals Bücher und vor allem ihn selbst gut genug, um zu wissen, dass er seinem Leben aus eigenem Beschluss heraus ein Ende gesetzt hatte. Es war ihr wichtig, dies richtigzustellen, denn ihrer Überzeugung nach war mit Hrabals Tat eine Aussage verbunden, die man bei allen Fälschungen, die man seinem Werk angetan hatte, unbedingt respektieren musste.

An der Rückwand des Hauses – jemand hatte mir die Stelle beschrieben – kamen Efeu- und Ahornsprösslinge aus dem Boden, unscheinbare Pflanzen, die überall, auch auf Schutt, gedeihen. Mit Moos bewachsene Backsteine, Bierdosen, ein Blumenkasten mit Dachpappe darin.

Anfang Januar 1986 war sie längere Zeit in Berlin, weil Adolph Spalinger sich bei Proben von Tschechows *Möwe* verletzt hatte und im Krankenhaus lag. Als wir uns das erste Mal in einem Café am Savignyplatz trafen, erzählte ich ihr in vielen Einzelheiten, wie es gewesen war, mit einem »Antrag auf Ausreise« aus der DDR wegzugehen und nicht zurückzudürfen, obwohl die Familie und die besten Freunde noch dort waren. Ich erzählte von meinen ersten beiden Jahren in Westberlin, den Reisen nach Rom, London, Paris und Prag. »Prag!« rief sie so laut, dass die Leute sich zu uns umdrehten. Sie kannte sich dort besser aus als ich, kannte Bohumil Hrabal persönlich und hatte ihn mehrmals in seinem Haus in Kersko besucht. Mit Jiří Menzel, den ich ebenfalls bewunderte, war sie befreundet, hatte sie Anfang der siebziger Jahre am Stadttheater in Basel gearbeitet. Wir sprachen über den schüchternen Václav Neckář in *Scharf beobachtete Züge,* der es nie schaffte, mit Mädchen zu schlafen, aber in einer

Sternstunde seines Lebens einen Munitionszug der Deutschen in die Luft sprengte.

Es war merkwürdig, dass wir in so verschiedenen Welten aufgewachsen waren und es doch diese grosse Nähe im Denken, in den Ansichten gab.

Dass Menschen sich im Moment ihres Todes noch einmal an ihr ganzes Leben erinnern würden, hatte sie einmal geschrieben, und mir war, als zögen die Jahre unserer Freundschaft an mir vorüber. Ich dachte daran, wie offen, fast stürmisch, sie auf mich zugegangen war, wie ich sie geliebt hatte, und plötzlich war alles vorbei.

Zwei, drei Meter von der Rückwand des Hauses entfernt stand eine Reihe von Ahornbäumen, auch Kiefern, die den Ort zu etwas Geschütztem, beinahe einem Versteck machten, und ich wusste, dass der Blick auf diese mit Efeu bewachsenen Stämme und das Tal dahinter der letzte in ihrem Leben war.

Ich dachte, dass ich »den letzten Weg« meiner Mutter nie gegangen war und hier an diesem Ort stand und trotzdem nichts wusste. Nichts über Hilde und nichts über meine Mutter und darüber, wie alles in Wirklichkeit war.

Im Januar 1997 schrieb Hilde mir einen Brief aus Wien, wohin sie Adolph Spalinger, der in einer *Ivanov*-Inszenierung am Residenztheater spielte, begleitet hatte. In einem Kaffeehaus, zu dem sie von ihrem Hotel aus nur über die Strasse gehen musste, auf einem Doppelblatt, das aus einem ihrer Notizhefte herausgetrennt war. Sie schrieb darin über das Krebsleiden ihrer Freundin Susanna Roth, die sie vor der Abfahrt nach Wien noch einmal in Basel getroffen hatte. Über die grausamen Veränderungen des Körpers, die Folgen von Bestrahlungen und Chemotherapie. Weiter unten schrieb sie, dass sie ihren Muff aus Fuchsfell in einem Antiquariat verloren und in einem Fundbüro danach gesucht hatte. Der Absender des Briefes lautete (eins ihrer unzähligen Pseudonyme) »Fuchs« und die Unterschrift »deine Frau Fuchs«, weil sie dem Fundbürobeamten den gesuchten Gegenstand genannt und der ihn mit ihrem Familiennamen verwechselt hatte. Es war der Winter, in dem Hrabal starb und wenige Monate danach Susanna Roth. Sie fragte in dem Brief, ob die Karten für die Kinder angekommen seien, wünschte mir Lust zum Schreiben und dass endlich wieder ein Buch von mir veröffentlicht und stapelweise ausgeliefert würde, und am Schluss schrieb sie: »Sei umarmt! ... dausend Busserln! Zum Abschied dein Lieblingsstanzerl:

Ich hab vierzehn Anzüg, teils licht u. teils dunkel
Zwa Pantalon und an Frack u. alles vom Gunkel.
Und wer mi so sieht, dem kommt nicht in den Sinn
Dass i trotz der Gardrob EIN ZERRISSENER bin ...«

Berlin, im November 2002

AUTORINNEN IM LENOS VERLAG

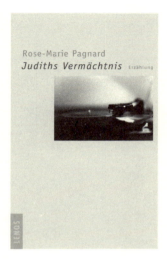

Erzählung
Aus dem Französischen von Markus Hediger
107 S., geb.
ISBN 3 85787 333 7

»Ein Stück Prosa, das eine assoziativ-reflektierende, unerhört modern anmutende Schreibweise mit einem Gespür für Rhythmus und Musikalität verbindet, das seinesgleichen sucht.«
Der Bund

AUTORINNEN IM LENOS VERLAG

198 Erinnerungen eines Kindes
115 S., geb.
ISBN 3 85787 167 9

»Hilde Ziegler gelingt es, mit ihrem Erzähl-Mosaik deutsche Geschichte in Kriegs- und Nachkriegszeit zu schreiben – spannend, oft witzig, auch traurig und bis in sprachliche Nuancen von grosser entlarvender oder Erkenntnis schaffender Genauigkeit.«
Die Zeit

AUTORINNEN IM LENOS VERLAG

Beobachtungen aus der Dreiländerecke
111 S., geb.
ISBN 3 85787 284 5

»Bei aller Leidenschaftlichkeit offenbaren Zieglers Texte eine Belesenheit und eine Stilsicherheit, die sie zu Bijoux des Genres machen. Davon hätte man gern noch mehr gelesen.«
Neue Mittelland Zeitung

Autorinnen im Lenos Verlag

Roman
Aus dem Französischen von Markus Hediger
151 S., geb.
ISBN 3 85787 282 9

»Yvette Z'Graggen, diese Seismographin menschlicher Gefühle, hat in ihrem Roman etwas Neues gefunden und gleich hervorragend umgesetzt: eine Sprache dafür, wie eine Frau das Alter bezwingt.«
SonntagsZeitung

Autorinnen im Lenos Verlag

Roman
Aus dem Französischen von Markus Hediger
251 S., geb.
ISBN 3 85787 294 2

»Alice Rivaz erweist sich auch in diesem Roman als eine herausragende Psychologin; vor allem aber verfügt sie über eine fast magische Kraft, die Innenwelt ihrer Figuren zu beschwören. Es gibt gerade in der Schweizer Literatur wenig Vergleichbares.«
Berner Zeitung